教育与强制视角下教育自由界限研究

郑霁鹏◎著

北京工业大学出版社

图书在版编目（CIP）数据

教育与强制视角下教育自由界限研究 / 郑霁鹏著. —
北京：北京工业大学出版社，2018.12（2021.5 重印）
ISBN 978 - 7 - 5639 - 6576 - 2

Ⅰ. ①教　Ⅱ. ①郑　Ⅲ. ①教育研究 Ⅳ.
① G40-03

中国版本图书馆 CIP 数据核字（2019）第 023865 号

教育与强制视角下教育自由界限研究

著　　者：郑霁鹏
责任编辑：张　娇
封面设计：腾博传媒
出版发行：北京工业大学出版社
（北京市朝阳区平乐园 100 号　邮编 100124）
010 - 67391722（传真）　bgdcbs@ sina. com
经销单位：全国各地新华书店
承印单位：三河市明华印务有限公司
开　　本：787 毫米 ×1092 毫米　1/16
印　　张：9.75
字　　数：200 千字
版　　次：2018 年 12 月第 1 版
印　　次：2021 年 5 月第 2 次印刷
标准书号：ISBN 978 - 7 - 5639 - 6576 - 2
定　　价：48.00 元

前　言

“自由”是一个极其复杂的概念，不同的哲学立场及其价值取向，赋予“自由”以不同的内涵，从而会引发出不同的政治实践、社会实践和教育实践。又由于“自由”通常是与理性的概念联系在一起的，因而是与成年人社会生活相关的。将自由的问题与学生教育联系起来，更增加了讨论的难度。本书有关自由的理解主要是基于逻辑和观念史的双重梳理而获得的。在本书看来，学生在教育中的自由包含两个方面的含义：一是学生在教育过程中能够摆脱某些限制和束缚，因而免除教育者或学校的不正当或任意干预，在这个意义上它是指学生的消极的教育自由；二是学生具有自由行动的能力，能够做自己想要做的事情，这意味着学生能够参与社会活动并接受基本的教育，在这个意义上它是指学生的积极的教育自由。教育自由的消极意义和积极意义并不是对立或冲突的。

教育自由问题，是近代以来伴随着权利观念兴起并且向教育渗透而产生的问题。至少在古典时期，在人们的观念中尚不存在教育自由问题。权利观念向教育领域渗透的过程，使得自由观念在教育中逐步得到确立，由此而引发出教育强制的合理性问题。教育是一个强制性概念——教育即强制，因而教育与消极意义上的自由在逻辑上便可能产生冲突与矛盾。这种冲突与矛盾涉及理想与自由、善与自由等方面。然而，这并不意味着教育自由不具有合理性。教育自由的价值在于，它能够为教育对象的个性发展提供可能性，同时教育的平等、正义、责任与秩序等价值亦与自由密不可分。

就教育的本质要求以及教育与教育对象的社会关系而言，教育对象在教育中的基本自由包括两个大的方面：一方面，在自由的积极意义上，它是指教育对象能够参与教育活动；另一方面，在消极的意义上，它是指教育对象在教育中能够免除任意干预或不正当强制，包括教育对象的思想自由和表达自由。在人类的教育实践史中，存在着教育对象自由的两种极端形态，即教育对象自由缺失和教育对象自由过度。教育对象的基本教育自由要求教育者扬弃传统的教育教学与管理方式，主张一种引导性的而非强制性的教育。教育对象的教育自由亦是有限度的，此种限度为教育的强制提供了一种合理性的担保，即当教育对象的自由超越了这个限度，对教育秩序、他人利益以及教育对象自我发展产生消极的影响时，教育者就必须通过正当的强制手段来恢复教育对象的基本的教育自由的状态。然而这并不意味着教育者对教育对象的强制是任意的，教育者必须遵循基本的自由精神，即引导教育对象认识到他人权利的存在并以宽容精神来对待教育对象在自由方面的过失。

从观念形态的教育自由走向实践形态的教育自由，其可能性在于从至善的概念转向共同善的概念，并将教育看作社会公共意志的反映。因此，教育自由是立足于共同善以及社会公共意志的要求的。教育自由走向实践形态的现实性，在于教育理念下自由的保证，在于承认权利对善的优先性，自由理念下的教育的保证在于承认强制的合理性并不能通过强制而实现。然而，最为根本的保证在于教育自由理念的制度化建设。只有教育自由理念在基本的教育制度中得以体现，教育对象的教育自由才能够真正实现。

本书主要包括教育自由的概述、权利观念下教育自由的界限、教育与强制视角下教育自由的合理性、教育自由的限度、教育与强制视角下走向实践形态的教育自由、教育与强制视角下教育自由的挑战等内容。

本书共六章，约20万字，由国家开放大学郑霁鹏撰写。本书仅是教育自由界限研究这一巨大工程中的一粒沙石，且囿于作者研究能力，难免有不足之处，期望读者予以批评指正，以便在今后的研究中予以完善和改进。

郑霁鹏

2018年4月

目　录

第一章　概　述

在思考和探讨教育自由的必要性、可能性以及教育自由之实现条件之前，我们有必要对下列问题做出预先的回答："教育自由"作为概念，它能够成立吗？如果能够成立，那么该如何来理解教育自由的意蕴？自由的概念决定着教育自由的概念，从不同的自由出发，则教育自由具有各自怎样的含义？是否能够拥有一种更为综合性的教育自由概念？从观念史的视角来看，教育自由作为概念，从其思想的萌发到正式概念的提出，其间经历了怎样的发展过程？

第一节　教育自由的概念及价值

一、"教育自由"作为概念

在政治哲学中，我们可以看到诸多与自由相关的概念。霍布豪斯在《自由主义》一书中，专题讨论"自由主义诸要素"，将自由区分为公民自由、财政自由、人身自由、社会自由、经济自由、家庭自由、地方自由、种族自由、民族自由、国际自由、政治自由等。在霍布豪斯所阐述的各种自由中，独没有"教育自由"之说。霍布豪斯在自由主义思想家阵营中不算大家，但是在一本对自由主义思想进行阐述并且讨论公民的诸自由问题时，只字未提及"教育自由"，固与论题有关，却也使得我们在使用"教育自由"这一概念时存几分隐忧：概念的这种使用是否具有合法性？往前溯源，霍布豪斯的同胞及前辈密尔著有《论自由》。在《论自由》中，密尔将自由区分为思想自由、讨论自由和行动自由。在这部有关自由的经典著述中，密尔论述了教育中的自由问题，但是也没有使用"教育自由"这样的概念。罗尔斯在其代表作《政治自由主义》和《正义论》中提出的与自由相关的概念，有结社自由、移居自由、职业选择自由、政治言论自由、良心自由、信仰自由等，也不见有"教育自由"。对于自洛克以来的自由主义理念的倡导者来说，“教育自由”的不被言及或者不被作为概念而提出，使得“教育自由”作为概念的成立成为一个需要辩护的问题。

与未明确地运用“教育自由”这个概念相对应，古典自由主义论者如密尔等，对自由在教育中的运用持非常谨慎的态度。在《论自由》一文中，密尔指出，“人类之所以有理有权可以个别地或者集体地对其中任何分子进行干预，唯一的目的只是自我保护。但是这条教义只适用于能力已达成熟的人类。自由，作为一条原则来说，在人类还未达到能够借自由的和对等的讨论而获得改善的阶段以前的任何状态中，是无所适用的”。从这段论述中，我们可以看到密尔对待自由的基本立场，即自由是以“能力的成熟”为条件的。密尔的论述在理智上对于我们的讨论至少提出了两个方面的挑战。第一，必须确立教育自由的适合性。第二，必须确立“教育自由”作为概念的合法性，即必须论证，“教育自由”作为概念，与政治自由、公民自由、人身自由等，具有同样的概念合法性，因而是能够成立的。尽管这两个问题是相互关联的，亦即教育自由作为概念的合法性离不开教育自由的适合性，但是我们在讨论中将把两者分开，并且在逻辑上使得合法性问题先于适合性问题。理由在于，概念是用来表达思想或主张的，因此在实际的思想或主张的表达中，必须先要确认概念的使用本身是合法的，由此才能够更好地借助这个概念来阐述想要表达的思想。

的确，在已经发表过的有关探讨自由问题的政治哲学著述或教育哲学文献中，难以找到“教育自由”这样确定的表达方式。然而，这并不意味着“教育自由”作为概念存在的不可能性之理由，也不意味着教育自由作为一种教育主张在理论上的不可辩护性和在实践中的不可行性。任何新概念的产生都有一个从提出到被认可再到成为某种基本用法的过程。社会在其发展过程中会出现各种此前人们所未曾遇到过的新问题。对这些新的社会问题之思考与阐述，或者通过改造旧概念，赋予旧概念以新意义来作为研究者表达自我认识与看法的方式；或者是另辟蹊径，以一种前人所未曾使用过的概念来阐述研究者的认识、思想与观念。当已有的概念对新的问题不足以阐述清楚时，或者在表达上可能非常困难时，那么就只有选择换一种新的表达方式。这实际上是语言的能指与所指的关系之紧张的必然结果。自由与权利观念的兴起以及向教育领域的渗透，使得教育中的教育者与学生之间存在着特定的社会关系，特别是学生的权利观念的出现，使得教育者的强制的正当性与合理性，成为一个必须思考的问题。“康德问题”可以说是自由问题在教育中的完整表达。康德问题的提出说明了这样一个问题，即尽管近代以来的教育思想家没有使用“教育自由”这样的表达方式，但它并不表明教育中不存在自由与强制性紧张对立的问题，也不表明教育自由就可以成为教育哲学理论思维中可以忽略的问题。个体对自由的呼唤以及由此而带来的教育对自由的期盼，导致教育与自由相结合而可能出现的内在紧张关系，需要从理论上对此加以阐释，并从理论上寻找消解其内在紧张关系的可能性。

近代以来，伴随着大工业生产的出现、启蒙运动的发展，人的解放成为一个具有普遍性的命题和基本的社会理念。与人的解放的理念相对应，则是各种解放运动的出现，先是黑奴解放运动，然后是工人解放运动，接着是女权运动，最后到来的是学生解放运动。相对于个体的活动而言，上述运动都是指向某个特殊的群体。而相对于这些群体，往往存在另外一个群体与之相对应。妇女对男人、工人阶级对资产阶级、学生对成人、黑奴对白人主人，等等。黑奴解放运动的目的在于争取作为人的权利以及公民权；工人以及女性等解放运动的目的旨在争取普遍的公民权，“与雇用工人的社会解放运动一样，女性解放运动也旨在争取普遍公民权”，即能够平等地参与政治意见和意愿的过程之中，从而有机会改善自己的社会地位；而学生解放运动所争取的却并非是普遍的公民权，而是学生作为人的基本权利。由是观之，学生在教育过程中的自由，并非是一个想象出来的子虚乌有的问题，而是一个真实存在的问题。

观念的概念化，通常既需要首创者的智慧与理性的辩护，同时也需要某种传统的支持和习俗的承认。“教育自由”被作为概念而提出，能不能找到一个有智慧的理性的首创者已经在使用相同的或类似的表达式呢？对于这样的问题，答案是肯定的，即至少我们可以从教育理论文献中找到两个把“教育自由”当作概念来使用的出处。一是法国的斯特拉斯堡大学历史系教授库朗热在《古代城邦——古希腊罗马祭祀、权利和政治制研究》一书中提出的：“古人既不知道什么是私人生活自由，什么是教育自由，也不知道什么是信仰自由。”据1984年版前言的作者阿尔多介绍，该书出版于1964年。如此说来，尽管该著并没有专门地探讨古代人的教育自由问题，但至少在1964年已有人在明确地使用“教育自由”概念，这样的判断应该能够成立。二是从我国的教育理论研究情况来看，“教育自由”作为概念，亦已有人提出。2004年，金生鈜教授发表《论教育自由》（*On educational freedom*）一文，认为自由不仅是教化的必要条件，而且自由本身是一种教化价值。自由赋予每个人不断获得自我创造或自我实现的动力、理想和责任。在教育中，自由是造就良好个体的核心条件。教育不仅保障个体的免于强制的消极自由，而且必须促进自我实现的积极自由。教育自由是人接受教育中所享有的独特的自由。教育自由为了保证个人通过教育生活而实现自我引导的精神成长，既维护求教育者自我创造的责任，又解除任何为个人的自我引导和自我创造设置的障碍。由是观之，本文所用“教育自由”概念，亦非首创。

关于“康德问题”的表述问题。当政治哲学在讨论各种自由问题时，它所指向的是与个体或与集体的选择或自主有关的问题。换言之，自由的指涉对象是个体或集体，而“自由”之前的修饰词，则只是表明了个体自由的范围和领域。虽然我们可以明确地说，教育自由是指教育活动领域中的自由，但是“教育自由”，它所指的对象是什么呢？与“结社自由”“移居自由”“职业选择自由”“政治言论自由”“良心自由”“思想自由”“表达自由”等均明确地指向公民个体相比，“教育自由”明显地存在着含糊不清与指代不明的问题。关于此，赵汀阳的观点很具有代表性。赵汀阳指出，“为了获得幸福就必须有个人自由，所以自由实际上总是属于个人的自由”。不管我们是否赞成这样的观点，至少自由与主体行动有关。脱离了行动主体，便无所谓自由或不自由。然而，仅就概念的表达式来看，“教育自由”则是一个无涉主体的概念，或者说是一个任意主体性的概念，因而也是多主体性概念。就主体而言，教育自由的指涉对象，可以是学校，可以是教师，也可以是学生。因此，相应地也就有了学校的教育自由、教师的教育自由与学生的教育自由。那么“教育自由”狭义上是哪类主体的自由呢？从康德《论教育学》的基本思想来看，其主体概念虽然隐而不露，但放在文本的语境下则还是清楚的，即它所指向的，乃是有关学生在教育中的自由与强制之关系。但就学生作为自由的主体而言，可以选择的表达方式包括，教育中的自由、教育过程中的自由、教育中的学生自由，等等。所有这些表达的基本含义，就是学生在接受教育中所享有一定的自由。尽管概念意义具有某种相近性，但从交流的角度来看，它们都有共同的缺陷，即表达的费力与不简洁。因此，本文将直接使用“教育自由”来表达上述表述的语意与意义，并用它来指称“学生在教育中的自由”，在一些情况下则表述为“学生的教育自由”。因此，本文中所使用的“教育自由”并不包含与政府相关联的学校自由，也不包括与学校相关联的教师的教育或教学自由，而主要是指学生在教育中的自由。“教育自由”“学生的教育自由”以及“学生在教育中的自由”，三种表达方式都是在相同的意义上使用的。

二、为何是教育自由

为何研究教育中的自由和强制？我们为什么需要教育自由？

教育中的自由与强制问题并非是一个新问题，而是一个伴随着自由价值观念兴起以及教育的普及而引发出的教育问题，也是一个近代以来教育思想家不断关注和思考的问题，具有强烈的理论性与实践性意味。核心的问题是，作为多少带有强制意味的教育，与现代意义上的自由观念之间存在的一种内在的逻辑紧张关系。在洛克的《教育漫话》中，当洛克将人的四种权利的三种都归之于学生，独将自由权保留的时候，这一问题就已经显现出来。在有关教育的论述中首先挑明此问题的，是康德。在康德看来，为着学生未来发展并使学生成为自由的行动者，有必要在教育过程中对学生施以强制。康德在《论教育学》中指出，“对他施加一定的强制，是为了指导他去运用自己的自由，人们对他进行培养，是为了他有朝一日能够自由，即不再依赖他人的照料”。当康德做出这样的论断时，他立即意识到这其中所面临的一个逻辑困境，即“人们怎样才能把服从于法则的强制和运用自由的能力结合起来。因为强制是必需的。我怎么才能用强制培养出自由来呢？我应该让学生习惯于忍受对其自由所施加的限制，并应同时指导他去良好地运用其自由”。尽管康德的“自由”乃是一种道德自由，同时康德所说的“强制”亦非自由主义者所谓的政府对个体所施加的干预或约束，而是道德的个体对于道德律令的服从，但是这个问题对人们的教育思维的冲击是如此之大，以至于它被现在的人们称之为教育中的“结构性问题”或“康德问题”，即“总是要对孩子使用合法的约束性手段以便最终让其得到自由”。这个问题在我们这个时代并没有因为教育的改革与进步而得到根本性的解决。法国哲学家阿兰•雷诺认为，“这依然是我们面临的问题。只是，将对自由的承认和某种约束手段的使用两者维系、配合在一起这件事，自启蒙时代以来已变得极其困难”。既然仍是我们这个时代的问题，那么我们就不能因为它变得更为困难而绕开它或回避它。我们总会面临各种各样的理智的冲突与对立，而且还要面临理智的局限与无力。但是，也许唯有通过超乎想象的努力，我们才能一步一步地逼近问题的本质，从而为问题的解决奠定理性基础。

把这一问题放在教育观念史中，我们就会发现，现代教育所面临的自由与强制的关系问题，根源于社会价值观念之变革所带来的强大压力。如果不从教育的角度来看问题，则一个不争的事实是，与个人生活密切相关的、政治哲学家所努力要探讨的强制和奴役问题，实际上是随着自由与权利观念的兴起而出现在人们的理性思维之中，进而成为政治哲学的一个基本问题。随着时间的推移，该问题变得如此紧迫，以至于以赛亚•伯林认为这是两种观念体系间的公开战斗。伯林毫无掩饰地指出，所有争端中“最大的一个，是两种观念体系间的公开战斗，两种观念体系对长久以来一直存在的政治核心问题即服从与强制的问题，做出各不相同而又相互冲突的回答。‘为什么我（或任何人）必须服从另一些人？’‘我为什么不能如我所愿地生活？’‘我必须服从吗？’‘如果我不服从，我会被强制吗？’‘又由谁来强制、强制到什么程度、以什么名义、为着什么目的进行强制？’”但是一旦“强制”作为观念冲突的问题而存在，它就以一种不可阻挡的发展趋势，向教育领域中渗透，从一个在传统的教育中不太为人们所注意的问题，演变成教育中人们不得不去思考的问题。

问题在于作为受教育者的学生，乃是一特殊个体。因此学生在教育过程中的教育自由必然涉及这样的质疑，“你说个人有权选择他喜爱的生活。但是这适用于所有的人吗？如果这个个体无知、不成熟、未受教育、智力残缺，拒绝恰当的健康与发展机会，他将不可能知道如何选择。这种人从来不会真正知道他的需要是什么。如果存在这样一些人，他们知道人的本性是什么、人究竟渴望什么，如果他们替其他人做了他们更明智、更知情、更成熟、更发达也会做的事情——也许用一些控制的手段——那么，他们是在剥夺后者的自由吗？他们的确干预了人们，但只是为了让他们能够做如果他们知道得更多也会做的事情，或者为了使他们总是处于最佳状态，而非老是受制于非理性的动机或幼稚的举动，或让他们本性中动物的一面占优势。那么这还是干预吗？如果父母或教师强迫不情愿的孩子上学或努力学习，以虽然孩子们可能并不知道的真实要求为名，那么，既然这是所有真正的人——因为他们是人——都必然要求的，他们还是在剥夺孩子们的自由吗？肯定不是。教师或父母给了他们潜在的或真实的自我，迎合他们的需要，以反对他们更肤浅的自我的暂时的需要，这些需要在人成熟时就像老皮一样会蜕掉”。这是一段对消极意义上的自由所提出一系列质疑的非常著名的论述，包含两个方面的含义。一方面，人的不自由可能并不会完全取决于外在的约束或强制，在更多的情况下它可能来自内在的约束。这种约束是与个体的成熟状态、认识和理智发展水平以及受教育程度密切相关的。而从理智发展的角度看，学生正处于这样的不成熟时期。因此，为了使得学生能够拥有自由，干预是必要的。这种干预就是教育。也可以说，教育是学生获得自由的必要干预。它尽管暂时性地剥夺了学生的自由，但却能够使其在成熟的时候获得永久的自由。另一方面，真正的自由，是“真实的自我”的表现，而“真实的自我”是以认识、成熟、理智等为条件的。不具有这些条件，则个体所表现出来的，就只能是“肤浅的自我”，而由“肤浅的自我”所做出的选择，其实并非是真正的自由。

对康德问题的进一步追寻，我们必然要面对如下一系列的问题：在常识性理解以及世俗的观念中学生应该服从教师，但为什么一定要服从教师？学生能够不服从教师吗？在什么情况下学生不服从教师或不服从学校是一种正当选择？如果不服从意味着一种自由，即意味着做他想做的事，成为他所想成为的人，控制意味着不能做他想做的事，意味着成为教师和学校期望他成为“这种人”或“那种人”，那么教育中的自由与控制之间共存的可能性及其内在的各自限度何在？如果教育是学生获得自由不可或缺的首要条件，而教育本身即意味着某种程度的强制，那么教育的强制又应该怎样实施？应当遵循怎样的原则？对人的思想和行为施以影响，这一影响本身是否会导致一种强制和控制？所有这些问题都需要在学理上予以澄清。如果我们把教育理解为“人和人的思想和精神的交流活动”，而非“人对人的身心施加影响的活动”，那么是否就能够消除近代社会以来教育实践中存在的教育强制与教育自由的冲突问题？近代以来兴起的最基本的教育观念之一，即教育乃国家的公共事务。在这样的观念支配下，国家对教育的管理与指导而带来教育的控制与强制，有利于公民的培养，然而它又是否会带来对个体的个性发展的消极影响？或者说教育的自主性以及个体的个性充分发展，在国家对教育的控制下如何才能保证？

与此同时，相关的问题还涉及：对于在学校接受教育的学生来说，政治哲学对自由的探讨所获得的结论，对于他们是否有着推定的意义，即这些结论是否适用于教育？如果适用，在多大的程度上适用？在怎样的条件下适用？在什么样的范围内适用？作为培养公民的公共教育，当学生以受教育者这样一个身份而参与教育活动时，他拥有怎样的教育自由权利？设定班级或学校就是一个公共教育论坛，那么作为受教育者的学生，他是否拥有某种程度的受教育或学习的自由？应该享有什么样的自由？学生在教育中的自由，是否就在于他们能够以参与的方式而享有教育权利？而这同时是否又意味着学生个体在教育中又对教育权威的完全服从？集体性自由与服从性责任恰好构成一个完整的统一。但是如果我们从消极自由的意义看，则是否也应该承认，学生作为个体的存在，在与教育的集体生活无关联的领域，或者在他的言行对集体性教育活动并无不当影响时，他们也同时拥有个人选择的自由？如果有这样的选择自由，那么在哪些领域，在何种情况下，他拥有这种纯个人的选择性自由？

正是上述问题，激发出理性的好奇。这种好奇并不单单是理论性的，只是为了满足理智的需要；更是实践性的，是立足于教育改革实践的要求以及对人的自由而全面发展目的之实现的要求。改革开放以来，关于人的个性发展，关于学生的课业负担过重，关于素质教育的推进，关于人的创造性的培养，不时成为实践者和理论工作者关注和思考的问题。尽管人们做了很多实践性的探索，然而最终的结果与人们的预期仍然有很大的距离。理性的期待与实践结果之间的反差，促使我们不得不去思考教育改革中更为深层的理论性问题。这些深层次的理论问题不解决，不从理论上对一些根本的问题做出积极的回应，则各种实践努力都有可能是盲目的折腾。

三、理性探索的价值

教育自由是教育的价值追求，也是教育制度的价值追求。

尽管“自由”是一个令人生畏的具有情绪色彩的概念，但是与自由相对立的“强制”，尤其是教育中的威权性强制所引发出来的问题，在当前中国的教育生活中仍然较为普遍。新闻媒体所报道出来的各种典型个案，例如体罚、过度布置作业、拒绝选择等，在一定的意义上都可以看作教师在教育教学中对学生威权性强制所带来的结果。换言之，典型个案仅仅是暴露出来的或者说引起人们关注的教育现象，没有暴露出来的隐含的强制及由此而带来的各种消极后果，不仅有着范围上普遍性的特征，更有着从学校管理者到教师对此视而不见的无意识性特征。一方面是理论界甚至包括实践界所不断呼唤的“主体性教育”“个性发展”“尊重学生”等口号；另一方面则是与理念相背离的各种实践表现。教师作为社会的代言人，以及师生在教育中的非对称社会关系，使得权威和传授得以成立，从而也使得教育专制、暴力和强制成为可能（虽非必然）。其结果则是学生依附性人格的形成以及人的个性与社会的个性之消逝。市场体制所带来的利益导向与现行的评价体制的结合，导致工具主义理性的盛行，更使得教师在教育教学过程中因利益的驱动而采用威权的强制手段，或者说以一种强制的手段来推行无差异的并为特殊利益集团所认可的东西，从而加强了受教育者在教育过程中的不自由。因此，从教育所要培养个性发展的人以及独立人格的形成来说，研究学生的教育自由与教育强制的关系，思考教育自由的可能性以及它的现实性的基础，与此同时确定教育自由和教育强制的各自限度，乃具有现实的意义和价值。

教育实践中应该并且能够践行的自由，是以理智对教育自由的可能性的把握以及对于教育自由正当性的辩护为基础的。学生的教育自由的实现，必须确保学生发展不因自由而被冲击；确保学生在教育自由中健康地成长和发展；同时确保学生的自由不因教育而受到压制。因此，必须要在理论上对与教育自由有关的若干问题加以分析和阐明。

第一，阐明教育自由的相对合理性。在自由主义的理论领域中，自由是作为社会的基本价值而具有绝对合理性。自由作为人类社会的基本价值，被置于其他基本价值之上，成为首要的、优先考虑的价值。但是，在教育实践中，我们一方面承认自由作为价值的合理性，但是，这种合理性必须是以学生的发展和成长作为其参照维度和衡量标准的，因而具有相对合理性价值。换言之，学生的成长和发展是教育首要考虑的价值。正是在这样的意义上，在对教育自由的理论探讨中，我们仍将赋予教育强制以一定的正当性和不可剥夺性。由此，我们将把自由看作教育的一种价值，而非基本的价值。这意味着，教育自由的合理性辩护将以更为基本的价值为基础。

第二，阐明教育自由的实践有限性。自哲人倡导公民个体的自由观念以来，自由的有限性就不断地被政治哲学家所反复论证和确认。由于学生较之于成年人在理智上和知识上的差异，学生的教育自由所受到的限制，要远远胜过成年公民个体所受到的限制。这种限制既来自法律上的约束，也来自学生理智上的自我约束。学生在他所拥有权利的意义上，他是自由的，然而一旦超出了这个范围，则他的言行等就会受到来自成年人及教育者的干预和约束，这种干预和约束，是在一种善的意义上，亦即在成年人为了学生的生存与发展，以及为了社会的延续与发展的意义上而言才是合理的。后者的存在，为教育强制性提供了合理而正当的辩护。只有当教育自由的限度在理论上被确定之后，教育的强制性才能够得到合理而正当的辩护。换言之，当学生的行为超越了一定限度时，对他而言则意味着不可避免的强制将不期而至。

第三，阐明教育自由的可能性条件。教育自由从理念到行动，是需要诸多条件的具备。在思维中对教育自由理念作辩护，是教育自由实践的前提，但是它并不必然保证教育自由能够成为现实。教育自由成为现实，需要就教育的基本结构做出安排，这种基本的教育结构涉及对教育权利、义务和利益的分配。只有当基本的教育结构确定之后，教育自由才有了根本性的保证。教育者的自由理念，在基本的教育结构背景下，会得到自然的形塑。在没有基本结构的保证下，单纯地依靠提高教育者的内在素质并促使观念转变，是无法保证学生教育自由的实现的。

第二节　教育自由的思想脉络

自自由观念兴起以来，有关教育中的自由问题就引起思想者的关注，并从不同的视角、不同的哲学立场来加以讨论。国外关于教育自由的研究，主要是在两个教育者在教育过程中应该发挥什么作用的问题层面。前者主要是在宏观层面上，在国家与个体之关系的层面上探讨教育自由问题，涉及国家对教育的控制及其限度；后者主要是在微观的层面上，探讨教育过程中的教育自由问题，涉及教育者对学生的控制及其限度。

自由主义者对国家在教育发展中的作用问题之思考是与社会化大生产所带来的公共教育的出现联系在一起的。现代意义上的公共教育的出现，其实质是教育权利的转移，即教育权利由家庭或宗教团体移交至国家。在这种背景下，有关教育中的控制与选择问题，就成为人们所关注的公共性问题之一。近代民族国家形成以来，无论是自由主义者、保守主义者还是社会主义者，都不反对国家对发展教育起主导作用。问题在于，国家在教育中应该怎样发挥这种作用，或者说政府对教育的干预是有限的还是全面的。古典自由主义者从消极自由的理念出发，在国家和教育的关系上，反对国家对教育的直接控制。18世纪末，德国近代著名的学者洪堡站在自由主义立场，从国家的基本任务是保障人的自由这一基本立场出发，将国家对公共教育的控制视作一种对人的自由的危害，“……公共教育，也就是由国家安排或领导的教育，它至少在很多方面是令人担忧的”，盖因国家对公共教育的安排或领导将导致教育的单一化而消除“教育的多样化”。因此，“公共教育应完全处于国家作用范围之外”，由此而主张“推行最自由的、尽可能少针对公共情况的教育”。洪堡的自由主义的教育立场在19世纪中叶英国的思想家密尔那里得到了进一步阐发。在《论自由》中，密尔明确指出，由国家主持一种一般的教育，将“形成对于人心并自然而然跟着也形成对于人身的某种专制”，从而导致“个性的自由发展”的失落。因此，“这种由国家设置和控制的教育，如果还有存在的余地，也只应作为多种竞赛性的实验之一而存在，也只应以示范和鼓舞其他教育机关达到某种优良标准为目的来进行”。为了确定国家在教育中的作用（对此密尔丝毫没有予以否定），密尔在“国家强制教育”和“国家亲自指导教育”之间做出明确区分，前者是国家的功能在教育中的发挥，后者则超越了国家所应有的权限。新古典自由主义的领军人物哈耶克指出，“将整个教育制度置于国家管理或指导之下，切切实实地隐含着种种危险”，政府通过直接管理大多数民众就读的学校所拥有的控制权力，固然可以促使一个国家的经济迅速崛起，可以为所有的公民提供一种共同的文化背景，但也付出极高的代价，如美国的种族或学校冲突以及其他多民族国家的民族冲突。因为，当公共教育为国家所控制时，那么在这个国家内，应当由谁来控制学校制度，便会成为一个容易引起动乱的政治问题。事实上，在国家教育制度下，所有基础教育都可能被某一个特定的群体所持有的理论观点所支配。因此，新古典自由主义者秉承古典自由主义的消极自由理念，同样反对国家对教育的控制与专权。哈耶克写道，“在我们看来，教育领域中的重大问题，或许很快就会转变成一个如何防止人们滥用其已确实拥有的能力的问题……事实上，我们很快就能发现，真正能够解决这个问题的方案在于：政府不再充当教育的主管者和提供者，而应当成为个人的公正保护者以防止一切滥用新近发现的能力的做法”。在政府对教育的干预程度的范围上，哈耶克区分出基础教育和高等教育。新自由主义的另一个代表人物弗里德曼认为，“政府在资助和管理学校方面的作用的不断加大，不仅导致了纳税人金钱的巨大浪费，而且还导致了比自愿合作继续起较大作用所能产生的教育制度远为落后的制度”。因此，应该基于“自由和充分讨论的基础上具有责任心的个人之间取得一致的意见”之原则，政府应该是学校教育的“规则制定者和裁判员”，而不应该直接参与对学校教育的管理与控制。有关教育与自由的关系研究的第二个层面的问题是，教育过程中自由与控制的关系问题。就此问题而言，大体上可以分为三种取向。第一种取向与康德相似，即为了培养自由的行动者，服从于规则的强制是必需的。赫尔巴特在《普通教育学讲授纲要》中以一种更加明确的方式指出，随着学生数量的迅速上升，教育中学生的管理问题也不断增加。因此，教育者就会不断面临着“强制与自由余地之间的关系”的问题。对于这个问题，赫尔巴特的观点是，“假如约束涉及某些确定的方面，而此外也为任性留有不确定的余地的话，那么青少年通常会接受许多约束的”。但是让学生接受约束并不是教育的目的，也不是管理的目的。教育与管理的目的在于，“随着年龄的增长，活动发生了变化，约束也必须渐渐放宽……这期间实施的教育要发展到足以放弃管理的地步。然后，青年人将按照他们的前景来调整他们所希望的活动……康德和赫尔巴特对强制与自由的论述是有区别的——在康德那里，自由是作为道德目的而被追求的，因而出现作为手段的强制与作为目的的自由之间的矛盾。目的与手段的矛盾，已经蕴含着对强制作为手段的难以舍弃与无奈，同时蕴含着对作为手段的自由的期求与获得。而在赫尔巴特这里，自由和强制都是作为教育中的手段而被使用，是作为教育手段的自由与强制之间的内在矛盾。持有类似观点的学者还有英国的哲学家罗素。罗素指出，“至于自由，它首先在本质上是消极的……但教育是本质上建设性的……学生是必然或多或少地要听命于他们的长者，不能让他们做自己利益的保护者。权利，在教育上，在某些程度上是不可避免的，凡是施教的人必须找到一条按照自由精神来行使权利的道路”。罗素的论述在一方面明确指出了“自由”与“教育”之间的内在紧张关系。当教育设定为良善生活并试图使得每一位受教育者都接受这种良善生活的概念时，这种紧张关系似乎就变得不可避免。教育的出现与存在，本来就意味着某种美好东西的存在。中国古代哲人的“育者养子使作善也”就已经认识到了教育与善的关系。虽然历史上关于何者为“善”存在诸多的争议和分歧，但存在“善”的本身却是毋庸置疑的。

与此相近的观念是，承认强制之不可避免，但对强制的意义做出重新阐释。此一取向的代表人物是雅斯贝尔斯。雅斯贝尔斯认为，知识的获取仍是教育的主导观点，由此而可能导致教育的强迫和控制。“只有导向教育的自我强迫，才会对教育产生效用，而其所有外在强迫都不具有教育作用，相反，对学生精神害处极大，最终会将学生引向对有用性世俗的追求”。在这里，雅斯贝尔斯对强迫做出了一个重要的区别，即将强迫区分为“外在的强迫”与“自我的强迫”。雅斯贝尔并不一概否定强迫。他所否定的只是外在的强迫，而主张自我的强迫。

对于强迫或控制，雅斯贝尔斯是有解释的。他说，“控制是针对自然与人而言的，其方法是主客体在完全疏离的情况下，将我（主体）的意志强加于他人的身上。……控制是……以一些人强行压制另一些人，……控制固守着人与人心灵无交流隔绝状态的距离，使人感觉到控制者不是出于公心，而是在使用狡计，并以被控制者个性的泯灭为代价”。与控制相对应的是“爱”。在雅斯贝尔斯的教育思想中，“爱”占据着重要的地位。“爱则是对人不自由的束缚的解脱”。但人们应警惕不要使控制变成了人对人的行为的约束而使教育的“爱”落空。

第二种取向则是极端的无政府主义的取向。此种取向的基本观点可概括为：为了自由而取消强制。19 世纪，对官办学校的批评促进了新式教育的发展。自由主义—无政府主义者创办的学校强调，思想自由是社会进步的必要条件。在此思想指导下，在欧洲及北美，出现了诸多“自由学校”。这类学校不仅不向学生强加任何思想和信仰，而且就“自由”的意义上讲，还意味着免于强制性的学习。

一些持极端自由主义立场的研究者如费姆在思考斯德尔顿学校的办学宗旨时指出，公立学校自认为可以为了学生“个人的好”而设置课程，结果则是，教育过程就是教孩子们服从政治的和经济的领袖的过程。为避免这种情况的发生，自由学校应该按照“非义务性教育的原则”来组织。学生在学校中可自由地选择学习内容，教师则有意识地引导学生达到自我觉悟和自我拥有。对此种教育主张，斯普林格评论道，“自由学校运动把苏格拉底的论证头脚倒置。苏格拉底传统教导说人们没有能力选择如何生活和如何管理，只有教他们接受了哲学王的统治并为理想而牺牲，人们才会幸福。而自由学校运动则认为，人们可以根据幸福和快乐的目标自由地选择他们想要的社会组织，并且能够按照自己的兴趣进行选择”。自由学校面临的最大困境，则正是学校中的自由问题，即学校必须面对学生的不学习的自由问题。为此，法国著名教育家弗莱雷则提出一种较为温和的观点，即一方面反对教育过程中的惩罚与控制，认为“各种惩罚总是一种错误，它们让人感到屈辱并且从来也达不到所要达到的目的”，另一方面则认为“课堂上的秩序和纪律是必要的”，为此而发展出一种通过团体合作以便让学生通过自由表达形成人格的教育法。

第三种取向则是美国的教育哲学家斯普林格提出的选择路径。在斯普林格看来，“教育既是自由和幸福的源泉，也是实施控制的源头”。走出困境的途径是考察自由运动中“自由”一词的不同意义。在斯普林格看来，教育中“自由”一词至少有四种不同的含义。其一是指“摆脱国家对教育的控制的自由”；其二是指“自由地选择信仰和理想”；其三是指“要保证知识被用来在人们中间平均分配权利并使所有人幸福”，这样自由就是获取知识的机会；其四，自由是一种能力，

“它使人们获取一个可以满足个人需要和愿望的世界”。为此自由仍然可以作为学校的基本指导思想。但必须做到：第一，不能将教育作为实现控制和压迫的工具；第二，学校不应该强加道德观念、信仰和理想；第三，学校应该教学生学会如何保护和增进自己的自由和政治权利；第四，教师在教育过程中的引导作用应该继续得以发挥，并应该以一种非惩罚性的方式保证学生的学习，斯普林格的论述对于我们思考教育中的自由与控制的关系问题有一定的启示。但问题在于：第一，如果学校不强加道德观念、信仰和理想，则意味着我们必须重新理解教育的本质：教育意味着什么？第二，如果我们承认斯普林格的观念之前提，则意味着我们必须放弃教育所承担的育人的职责和功能，放弃教育对社会的整合之功能：教育能做什么？第三，以一种非惩罚性的方式来保证学习，那将是一种什么样的方式？此问题的实质其实是：教育的可能条件是什么？斯普林格没细说，教育观念史也一直为之而苦苦探寻。

在我国，有关与教育自由直接相关的讨论才刚刚起步。石中英在其所著《教育哲学导论》第六章卷首语中指出，“至于教育与自由的关系，则更是没有得到充分的讨论。在政治哲学领域，教育似乎不在学者的视野之内；在教育学领域，自由又很少成为学者讨论的话题……其结果是：社会生活中人们对自由的严重无知以及由此产生的对自由的恐惧、误解或滥用，从而不能够形成可贵的自由人格”，这一论述基本上符合当前我国教育理论界有关教育与自由关系的问题研究的现状。从现有的研究来看，比较有代表性的相关研究主要集中于四个方面。一是直接讨论教育与自由的关系。较早的有代表性的成果是马凤岐的博士学位论文《教育中的知识传递与学生的自由》，其后该论文以《教育：在自由与限制之间》为名由中国工人出版社出版。论文着重探讨教育过程中的知识传递、教育思想和教育目的与受教育者自由的关系。二是从马克思有关个人的“自由的全面的发展”思想出发，展现有别于西方自由主义者的教育自由观。在这方面，涂艳国的博士学位论文《走向自由》是这方面探讨的代表。三是作为一个问题而出现在与其他教育哲学问题的讨论中，例如，石中英则在其《教育哲学导论》一书中，专章讨论“自由与教育”的问题，其“教育中的自由及其限度”，则反映出当代中国教育自由讨论的最新见解。石中英教授所思考的是，教育中的自由及其限度问题，教育自由中的自由涉及学术自由、教学自由和学习自由。前两个自由与教师有关，后一个自由则与学生有关。对于石中英教授来说，教育自由是一个外延更广的概念。金生鈜在所著《规训与教化》一书中，着眼于人的自我实现来讨论教育自由问题，指出“教育自由应该是通过免除人为的干预、提供充分的条件，创造最大的精神成长空间，使个人享有最大限度地自我创造。……教育自由意味着个人目标选择，或者在教育的任何情况下，免除任何形式的对人性的扭曲和对个性的强迫”。然而，根本性的问题依然存在：“教育在承诺教育自由的同时，怎样承担起教化的重任呢？”为解决教育中的自由与教化的困境问题，金生鈜教授提出“问责性”概念，即“一方面，教育必须防止那些以教育名义出现的种种对求教育者的强制和驯化，另一方面，教育自由意味着在追求教化中实现对求教育者的自我创造所承担的道德责任”。以上三者我们把它称为专题性的研究。四是非专题性的或各种就教育自由的某一侧面展开讨论的研究文献，包括直接的问题讨论，如学习自由问题、学术自由问题、统一教育与自由教育之矛盾问题、教育权威问题、教育选择问题等；也包括隐含着教育自由理念的相关研究。例如，如若不以直接的“教育自由”为衡量的依据，而是以与“教育自由”相关的“教育选择”“自主性”“多样性”“个性化”来观之，则改革开放以来的中国教育理论研究界，许多相关的教育问题的探讨，已然涉及教育自由的基本内容。但是，有关“教育自由”的讨论仍有待显现其应有的逻辑。

第三节　教育自由的意蕴内涵

即便使“教育自由”作为教育理论研究中的一个基本概念或范畴能够成立，而要把握其应有之义也非易事。这有多方面的原因。一方面，“教育”无论是作为语词还是学科范畴，其含义都具有语境的历史生成性特征，即在不同的历史语境中，人们对“教育”有着不同的理解和解释。而当我们试图从历史语境的视角来看“教育”，则无疑语境的历史生成性问题将会困扰着论证的展开。例如，在柏拉图或亚里士多德的语境中，“教育”是指由城邦来进行的一项培养人的活动，涉及教育对象的德智体等方面的发展；而在洛克、卢梭和康德的语境中，“教育”则主要是有关与政府大体无关的属私人事务的活动，而且主要的任务在于道德的形成。而单就洛克与卢梭来说，前者尽管主张一种消极意义的自由概念，但在对学生的教育中，则认为教育者对学生应当施以适当的强制；反之，卢梭虽然是在积极的意义上来使用自由的概念，但是在对学生的教育问题上，则主张尽可能地不对学生施以强制。这使得问题变得复杂起来。另一方面，“自由”也同样是一个意义含糊不清的概念，究竟怎样理解“自由”，公众固有不同的看法，思想家亦秉持不同的立场。当两个同样复杂的概念组合在一起而构成一个概念时，无疑对于它的界定就有着很大的困难性。为了使本主题在思考中得以简化，本文在通常的意义上来使用“教育”这个概念，不对其含义做过多的澄清，侧重于对自由概念的理解，并在此基础上，来界定“教育自由”的应有之义。

一、关于“自由”的三种理解

论及“教育自由”，离不开对“自由”概念的阐释。大体而言，自由可以区分为形而上学自由与政治自由。形而上学自由，也即所谓的“意志自由”，与政治自由相对应。密尔在《论自由》中开宗明义，指出了两者之间的区分并点明他要讨论的基本问题，“这篇论文的主题不是所谓意志自由，不是与那被误称为哲学必然性的教义不幸相反的东西。这里所要讨论的是公民自由或称社会自由，……”密尔的论述表明，政治哲学所讨论的自由与一般哲学所讨论的自由并不在同一个层面上。形而上学自由的核心问题是，个体的行为是被决定的还是受其自我意志所支配的。相应的，在哲学史上便形成决定论和非决定论两种基本立场。政治哲学自由问题，并不关注个体行为是否被决定的问题，而是探讨（用密尔的话来说）“社会所能合法地施用于个人权力的性质和限度”的问题。教育自由是一个归属于政治哲学的问题，或者说是从政治哲学的立场来透视学生在教育中的自由问题，即学校和教师能够影响和干预学生发展的性质和限度问题，而非形而上学的自由立场，不涉及有关教育者或受教育者的意志自由问题，而仅仅是教育权利施于受教育者个体及其限度问题。

但即使是从政治哲学立场来看教育自由，“教育自由”作为概念的含义也会因“自由”一词义的复杂性而变得复杂起来。由贡斯当所揭示，并经以赛亚·伯林所申明的区分，其最简单明了的形式就是有关自由的二分界定。贡斯当将自由区分为古代人的自由和现代人的自由。贡斯当指出，“请问一个英国人、一个法国人、一个美国公民今天他们所理解的‘自由’一词的含义是什么？对他们每个人而言，自由只是受法律制约，而不因某个人或若干人的专断意志受到某种方式的逮捕、拘禁、处死或虐待的权利，它是每个人表达意见、选择并从事某一职业、支配甚至滥用财产的权利，是不必经过许可、不必说明动机或理由而迁徙的权利。它是每个人与其他个人结社的权利，结社的目的或许是讨论他们的利益，或许是信奉他们以及结社者偏爱的宗教，甚至仅仅是以一种最适合他们本性或幻想的方式消磨几天或几个小时。最后，它是每个人通过选举全部或部分官员，或通过当权者或多或少不得不留意的代议制、申诉、要求等方式，对政府的行政施加某些影响的权利”。在这里，贡斯当基本上是将自由等同于在法律限制前提下个体不受干预的自主，一种受法律保护的自由。那么什么是古代人的自由呢？古代人的自由是一种“集体性自由”，即“以集体的方式直接行使完整主权的若干部分：诸如在广场协商战争与和平问题，与外国政府缔结联盟，投票表决法律并做出判决，审查执行官的财务、法案及管理，宣召执政官出席人民的集会，对他们进行批评、谴责或豁免”。古代人的自由表现出个人对社会权威的完全服从，对公共事务的参与和管理以及对个体私人生活的严格监视。除了对公共事务参与的自由之外，个人没有任何选择的权利和自由。参与公共事务管理的自由，将人区分为公民和奴隶，后者虽然具有自然意义上的人的特征，但在社会意义上则因为失去管理公共事务的自由而不被视为“人”。与此同时，公民在公共事务领域是自由者，而在私人领域却又完全没有现代意义上的自由。“在古代人那里，个人在公共事务中几乎永远是主权者，但在所有私人关系中却都是奴隶。作为公民，他可以决定战争和和平；作为个人，他的所有行动都受到限制、监视与压制；作为集体组织的成员，他可以对执政官或上司进行审问、解职、谴责、剥夺财产、流放或处以死刑；作为集体组织的臣民，他也可能被自己所属的整体的专断意志褫夺身份、剥夺特权、放逐乃至处死”。

伯林由此出发并基于观念史的不同主张，而将自由区分为两种不同的概念，即积极自由和消极自由。伯林认为，当人们在研究历史上不同的自由观念时，他们必须区分两种不同的自由。第一种是消极的自由，其特点是要回答诸如“在什么条件下个人是或者应该不受他人干扰地去做他想做的事，成为他所想成为的人”之类的问题。第二种自由是积极的自由，所关注的问题是“什么东西或什么人可以成为控制或干预的资源，从而使得个人可以去做这事而不是去做那事或成为这种人而不是那种人”。表面上看，两者之间似乎没有太大的差异，然而认真地分析两种自由之间所表达的意思可以发现，两者之间还是有着根本性的区别的。这种区别就在于，强调消极自由的哲学家认为只有存在着什么东西才可能使得个人变得不自由，例如外在强制或不正当的干预；而强调积极自由的哲学家则往往坚持只有缺乏什么东西才可能使得个人变得不自由，例如心智的缺失或对事物规律认识的缺失，或受非理性的控制（诸如激情、愚昧、无知等），因而表面上看来没有任何人干预他的行动，然而由于自我内在能力的缺失，从而使得其行动实际上并不是自由的。在前一种意义上，自由是指一个人能够不受别人的阻挠而径直行动的范围。一个人本来是可以或有能力去做某件事的，但是别人却阻止他去做，那么这个人就是不自由的，如果这个范围被压缩到一个很小的限度，那这个人就是被强制或受奴役了。强制不是指不能，而是指某些人故意在一个人本可以自由行动的范围内，对他横加干预。因此，为了确保人们的自由，必须在个人和社会之间画一条界线，在属于个人范围内的一切都不能受到任何侵犯和强制。在后一种意义上，如果强制及控制我的源泉是外在于我的力量，我对于自己的行为并没有主宰权，则我是不自由的，是处在一种被奴役的状态；而如果我是我自己的主人，没有受到任何外在力量的支配，那么我是自由的。就后者而言，外在的干预并不成为不自由的充分条件，只有内在能力或自主能力或认识上的不正确，才是导致不自由的根本制约因素。“自由这个词的积极意义来自个人希望能够做自己的主人。我希望我的生命及决定是依靠我自己的，而不是依靠任何外在的力量；我希望成为自己的工具，而不是受别人的意志行为所支配的；我希望自己是一个主体，而不是一个对象；我希望我是由自己的理性及有意义的目的所推动的，而不是被外来的原因所影响”。伯林坚持消极自由的概念，认为经由积极自由的概念，很可能会导致强制或专制。

分析伯林关于自由概念的界分可以发现，无论是消极的自由概念还是积极的自由概念，都涉及自由的条件问题，亦即个体在具备什么前提下才是自由的，在怎样的情况下又是不自由的。二者的分歧仅在于对个体在社会生活中的自由的条件有着不同的认识和立场。对于前者来说，不自由是因为存在着什么，因此个体要获得自由，就必须消除妨碍自由的存在性因素；对于后者来说，不自由是因为缺少什么，因此个体要获得自由，就必须使所缺失的因素得以在个体身上存在。但是笼统地将伯林对自由的两种概念的阐述理解为有关自由的条件，似乎有将问题简化的局限。实际上，仔细地考察相关作家的论述就会发现，个体的自由不仅与“存在什么妨碍自由”和“缺失什么妨碍自由”有关，而且还与在怎样的背景下该条件会导致自由或不自由有关，因而是与个体所置身于其间的生活领域有关。在古代世界，特别是在希腊人的观念当中，“是自由的”就是能够参与自己城邦的管理，意味着自由与公共生活的关系。当自由与城邦管理联系在一起的时候，自由本身就预先设定了一个公共的领域。所有符合某种身份要求的人，都有资格进入城邦的公共生活领域。就此而言，那些具有城邦管理身份资格的人都是自由的。这意味着个体在另一方面必须完全的服从，即便个体是在自己的家庭生活领域或私人生活领域也是如此。参与城邦事务之所以上升到一个人自由的高度，乃是因为人们无法脱离城邦而过一种独自的生活。个体与城邦的紧密联系，使得个体的自由始终离不开城邦。一旦离开城邦，个体将因此而丧失作为人的资格。但是，对于现代世界中的人们来说，私人生活领域观念的出现，使得免除干预的消极自由概念得以出现。在这种情形下，个体的存在并不以共同体为必要条件。尽管个体仍然不能脱离共同体，然而，个体与共同体的关系，由此形成一种分裂的态势。在这种情形下，私人生活领域对于个体的生活具有更加重要的意义。恰恰是个体的私人生活，保证了个体的自主性存在。伯林以两种不同的问题方式将它们提炼出来，即古代世界自由的核心问题是：“谁应该统治我？”现代世界自由的一个同等重要的问题是：“政府应该在多大程度上进行管理？”之所以会发生如此重大的分歧，是因为在现代人的观念中，人的生活领域被分解了。存在着一个私人生活的领域，除了特殊情况外，这个领域是不希望公共权力统治的。

概言之，自由可以从两个不同的方面来理解。一方面是个体免于任意干预和个体独立，即消极自由。对于消极的自由概念来说，主要的问题有：存在什么因素而使得个体不自由？一个外在的主体应该在多大程度上进行统治？另一方面是参与集体决定，即积极自由。对于积极的自由概念来说，主要的问题：是什么东西的缺失导致个体的不自由？谁应该统治我？以消极自由观来看，自由就是“社会所能合法施于个人的权力的性质和限度”，或者是“一个人能够不被别人阻碍地行动的领域”，或者是“一些人对另一些人所施以的强制，在社会中被减至最小可能的程度”。自由即免于强制，这意味着一个人按照自己的意志行动而不被他人任意干预。以积极自由观来看，自由或者是自律，或者是自我实现。自由即自律的观点认为，个人自由可能会受到来自个体的内在约束的制约，如意志薄弱、非理性的幻想、观念禁忌，或者是不加批判地接受流俗成规等。自我实现意义上的自由是一种“自我引导意义上的自由”，即你必须有能力去做你自己真正想做的事；或者你必须遵从你自己的真正意志；或者你必须实现你真正自我的愿望。消极的自由概念和积极的自由概念都讲自我实现，区别只在于自我实现的途径，或者来自个人，或者来自社会集体。当人的自我实现被认为是取决于集体或联合体时，个体的自由（消极意义上）将会受到极大的限制。反之，如果认为自我实现只来源于他自己，或者也只能由自己独立地完成时，则意味着，社会必须重视保护每个人按照自己的方式完成自我实现的权利。个体对他人的独立和个体服从于集体自我统治，是两种完全不同的自由观念。积极自由主张，“从自我实现的角度看，如果一个人完全没有自我实现，如果他完全不知道自己的潜力，如果他从未意识到实现潜能这个问题，或者由于他害怕打破某些已经内化为他主观一部分的规范——其实这些规范并不真正反映他，他无力去实现潜能，这里我们就不能说他是自由的。在这种概念框架下，一个人要自由，就需要某种程度的操作。或者说，即使如果我们把对自由的内在阻碍看成等同于外在障碍的阻碍，那么在有机会的条件下，操作自由就牵涉到去除内在障碍的问题”。对于积极自由的概念而言，操作意味着“集体的自我统治”，自由则被看作“自我引导，即看作对个人生命的引导性控制”。其政治内涵是，如果某些资源、能力或才能是有效地达成自我实现所必需的，那么拥有这些资源就必须被当作自由本身的构成部分。为拥有这些个体自由所必不可少的资源，哪怕受到某种程度的外在控制也在所不惜。

从主体的自由实践角度来看，自由可能面临外在的障碍，也可能面临内在的障碍，甚至面临内在与外在的双重障碍。外在的障碍主要表现为他人对行动主体的干预。内在的障碍包括无知无识、虚假意识、压抑等。不过，对自由的内在障碍也不能仅仅按照主体所认识的样式来定义。主体并不一定是最终的裁定者。因为他对真正的目标，对什么是他想要摒弃的这个问题，他可能是完全错误的。在这个问题上，如果他是错误的，那么就“自由”一词的有意义的层面而言，他就不那么自由，或者说他在有意义的世界中就不会那么自由。如果从更积极的意义上——将自由看作积极的“自我实践”和“自我发展”，也即如何在自我选择的实际行动中实现一种真正富有意义和价值的生活，成就一种丰满的、完整的“人格”或“自我”来理解自由，那么，在现代性条件下，个体自由在作为一项抽象的权利（甚至作为一种现代教条）获得法律（形式上的）肯定的同时，必将遇到明显的困难。作为“自我实践”与“自我发展”的积极的自由，是以个体掌握切实的精神的和物质的资源、从而拥有实际的行动能力为前提的，缺乏这种精神的、物质的资源，消极意义上的自由就必然面临空洞化的危险，或者说对于个体而言是没有真实意义的。这样来看，消极自由与积极自由的区分就不是一种对立的区分，而是个体获得自由的两个条件的区分。其中，积极自由乃是个体获得自由的必要条件，而消极自由则只是个体获得自由的充分条件。没有个体“自我实现”意义上的积极自由，就不可能有个体的真正的自由。就此而论，积极自由被置于消极自由之先，并且就个体的自由的实现来说，社会应该提供它所能提供的资源，来消除个体自由的内在障碍。只有在个体的自由的内在障碍得以消除的前提下，消极自由，即妨碍个体自由的外在障碍的消除才具有实质的意义。否则，消极的自由，就徒具形式上的意义。

在自由主义和社群主义关于自由的各执一词的争论中，共和主义者提出了另一种属于消极自由范畴的自由概念，这个自由概念被共和主义的代表人物之一佩迪特称为第三种自由概念。在佩迪特看来，自由既不是自主，也并非是一种无干涉或强制，而是一种无支配。佩迪特认为，“受到束缚并不等于不自由；相反，一个公正的法律体系——一个非专制的制度的束缚并不会使你变得不自由。不自由在于服从专断的支配，服从他人潜在的、反复无常的意志或乖戾的判断。自由意味着从这种屈从地位中解放，从这种依附关系中解脱。它要求你能够在其他公民面前昂首挺胸，并产生这样一种共同意识，即你们当中没有谁可以拥有专断地干涉另一个人的权力”。佩迪特由此而认为，共和主义的自由概念，既是消极的，它意味着超越他人的支配；同时又是积极的，它意味着自己成为主人，而不用看他人的脸色行事。佩迪特认为，所谓“支配”就是“支配者可以任意地、随心所欲地实施干涉，他们不必请求任何人，也不会受到牵制或惩罚”，“支配”的条件则是，“某人拥有任意干预你事务的能力，而不是事实上的干预。在无支配状态下也会出现干涉，因为干涉并不一定就是专断的干涉，它仅仅是一种强迫能力的实施”。如此一来，一个人可能并没有受到干涉，但他却处在被支配的状态之下。没有干涉并不意味着无干涉，而仅仅是因为某种原因，而没有实施干涉而已，例如，干涉者的心情愉快或其他方面的原因。但是干涉者可以随时将干涉施予他人。

通过辨析“无干涉的支配”与“无支配的干涉”，佩迪特对“支配”与“干涉”进行了明确的区分。在佩迪特看来，受到干涉不一定是不自由的，例如我们每个人都受到法律的干涉，但我们并不能因此就说我们是不自由的；我们也受到社会组织内部的各种规章制度的干涉，我们也同样不能说自己是不自由的。教育是这样一种干涉，法律同样也是这样一种干涉。而没有受到干涉也并不是意味着就是自由的，如我们在许多情况下并没有受到来自他人的干涉，然而我们得看别人的脸色行事。以奴隶和主人的关系为例来说明，一个奴隶可能受到了主人的支配，而不一定会受到主人的干涉，但奴隶却是不自由的，因为不干涉可能仅仅是因为主人的好脾气或仁慈或者因为奴隶的狡猾或善于溜须拍马而已。无支配的自由与无干涉的自由之区别在于，前者的对立面是奴役，后者的对立面则是强制或干涉；两者都认为，自由在于选择，不过，前者强调选择的类型，突出正确的选择，而后者强调选择的数量。

共和主义者将自由与共同体紧密地联系在一起，将自由与公民身份联系在一起。对于共和主义者来说，自由即意味着一种自治。因为恰恰只有自治，才能保证个体处于无支配的状态之中，即处于自由的状态之中。自由的自治包含着两个前提。一是由平等的公民组成的自治性的共和国的存在，并且通过参与共同体的管理，公民拥有了自主的权力，从而保证个体始终处于无支配的状态之中。二是公民美德。共和主义者往往把公民的一种关键性的品质即公民美德作为自治的共和国的前提。所谓公民美德是每个人作为公民而拥有的能力，这些能力能够使公民自觉地服务于公共利益，从而自觉地捍卫共同体的自由，并最终确保我们自己的个人自由。

自由主义、社群主义和共和主义关于自由的理解，蕴含着他们各自对社会、对人的本性以及对社会与人的相互关系的不同理解。在自由主义者那里，社会被看作个体的对立面，是个体的异己性存在，因而有可能对个体带来存在意义上的挤压和侵害，因此自由主义者特别警惕社会权力施于个体的范畴和限度问题。对于社群主义者来说，社会并不是个体的对立或异己的存在，相反，个体只有置身于社会之中，才能够获得人的存在意义。只有社会才能够为个体的行动提供可靠的保证。每一个个体都可能是有局限的，完满存在于社会之中。恰恰是社会能够保证每个人朝向一个正确的方向前进。而对于共和主义者来说，更大范围的共同体是保证个体自由的必要条件。个体不得不受制于共同体的集体性力量。如果这个集体性力量不能够有效地加以制约，则人就会处于奴役的状态之中，就会失去根本的自由。而防止这个集体性力量滥用的最可靠的保证，就是每个人拥有公民身份，并且在参与这个集体性力量的过程中，处于一种无支配的状态。

二、理解“教育自由”的三个维度

孤立存在的个体，并无所谓自由或不自由的问题。只有当个体与他人发生一定的社会关系时，自由才有可能成为问题。而当人们试图摆脱他人的影响和控制时，这种对他人影响力的摆脱与控制的正当性问题才会被提出来，进而成为人们在理智上进行思考与探讨的问题。因此，鲍曼指出，“要使一个人获得自由，必须至少存在两个人。自由表示一种社会关系，一种不对称的社会状况”。鲍曼固然是在阐述一种自由的背景因素，但是这种阐述为我们理解自由的概念指明了一条线索，一种方向，即自由的问题总是与人们之间的关系相联系在一起的，并且这种关系具有不对称的特征。在一种对称的或者平等的关系中，自由便不会作为问题而成为人们需要思考和解决的对象。类似的观点也可以在哈耶克那里见到。哈耶克认为，“‘自由’仅指涉入与他人的关系”。换言之，在不可能与他人发生关系的地方，也就无所谓自由不自由。

从关系的视角来考察自由，则一个超越自由概念之二分得更为明确的观点来自麦卡勒姆（又译麦克考伦）。麦卡勒姆认为，公民的政治自由或社会自由被区分为消极自由和积极自由是不恰当的。实际上只有一种最值得追求的、最真实的自由。根据麦卡勒姆的观点，“无论何时在讨论一个主体或众多主体的自由的时候，总会涉及摆脱什么限制、束缚、干预和障碍而得到的自由，从而能做或不能做什么事情、能成为或不能成为什么状态。因此这种自由总是什么主体的自由，从脱离什么障碍中获得自由，从而能做或不能做和能成为或不能成为什么，这是一种三维的关系”。麦卡勒姆的观点表明，个体在社会中的自由需要两个条件予以保证。由此，个体的自由既是免于什么的自由，也是做什么的自由。罗尔斯同样认为，自由总是可以参照三个方面的因素来解释的：自由的行动者；自由行动者所摆脱的种种限制和束缚；自由行动者自由决定去做或不做的事情。……于是，对自由的一般描述可以具有以下形式：这个或那个人（或一些人）自由地（或不自由地）免除这种或那种限制（或一组限制）而这样做（或不这样做）。罗尔斯所说的“自由的行动者”，所涉及的是“谁的”自由问题，而自由就是某个人“摆脱某种束缚和限制而自由决定去做或不做某事”，则包含了消极的自由概念和积极的自由概念两个方面的含义。自由既是摆脱某种外在的束缚和限制，也是自由地决定去做或不做某事。对自由的这种理解对于教育来说，具有重要的启发意义。罗尔斯对于自由概念的界定思路告诉我们，个体在社会中的行动总是要受到束缚和限制的。不是说只要存在着束缚和限制，就意味着个体的不自由。只有某些束缚和限制才构成自由的对立面。此外，罗尔斯对自由概念的阐述表明，消极自由与积极自由并非是决然对立的，而是相互依存的。因此，当我们厘定“教育自由”概念时，我们就必须指出，谁在怎样的教育关系中以及在何条件下去做某事他才是自由的。

教育中的社会关系固然很复杂，但是我们仍然能够从主体出发，在思维中把各种教育关系大体划分为以下几种类型，即政府与学校的关系、学校与教师的关系和教师与学生的关系。在上述不同类型的教育关系中，都明显地存在如鲍曼所谓的“不对称”状况，隐含着某种差别，或者说存在着某种依附关系。正是这种依附关系的存在，才使得“教育自由”作为问题而显示其探究的价值和意义。在上述三种最主要的教育关系中，在不同的程度上和不同的范围内，存在着学校对政府的依附关系（现代学校教育制度建立以来）、教师对学校或政府的依附关系以及学生对教师或学校的依附关系。没有这种不对称状况或依附关系的存在，也就无所谓“自由”或“教育自由”之说。因此，从关系的视角出发来思考“教育自由”问题，就必须明确：谁的教育自由？这是一个理论展开的逻辑前提问题。就政府和学校的关系而论，教育自由总是对学校而言，而绝无所谓政府的教育自由问题。

从麦卡勒姆和罗尔斯关于自由的界定来理解教育自由，那么教育自由就远不止一个“谁的”问题或主体问题，其中必须包括自由的两个“条件”问题，即在怎样的情况或条件下一个学生才能够不受限制地做或不做某事的问题。这种教育自由的概念既包括消极自由的意义，也包括积极自由的意义。在消极的意义上教育自由概念涉及学生在怎样的条件下不受来自他人的干预和强制。在积极的意义上教育自由概念则涉及学生在教育中能够做什么，从而说明妨碍学生自由的内在障碍的消除。“教育自由”的概念必须要对学生在教育中获得自由的两个条件之实质性内容加以阐述。

三、“教育自由”的内涵

当把学生看作教育自由的主体时，我们就得面临一个根本的问题：学生能够成为教育自由的主体吗？

至少存在着两种有关学生作为教育自由主体的质疑。一是认为自由只是对那些具有完全理性的公民而提出的。学生的理性处于未成熟状态，因而不能作为自由的主体而存在。二是认为自由只是对于那些具有完全责任能力的人而提出的，学生不具有完全的责任能力，因而并不能够在教育中成为自由的主体。由于学生不具有成熟的理性能力和完全的责任能力，所以学生便不能够成为教育自由的主体。应当说，这样的质疑是有一定道理的。至少我们在亚里士多德、密尔等人那里，已经见到过类似的讨论。然而，这样的说法本身并不足以表明，学生不能够成为教育自由的主体。首先，我们并不是在讨论有关公民在政治生活或社会生活中的自由问题，而是在讨论有关学生在教育生活中的自由问题。理性能力和责任能力的缺乏，能够表明学生不具有公民所应当拥有的自由，却不能够用来证明学生在教育生活中不应当拥有自由。就政治生活和社会生活而论，学生不能成为自由的主体，已经得到不同时代思想家的充分辩护。对此我们并不存有任何疑问。但以此来反对学生成为教育自由的主体便显得不够充分。其次，如果说自由是以理性能力和责任能力为条件的话，那么当思想家提到“理性的未成熟状态”或“不具有完全责任能力”时，他们也并没有否认学生不具有理性能力和责任能力。当亚里士多德说“奴隶根本不具有审辨能力，妇女具有，但无权威，学生具有，但不成熟”时，这种观点已然承认了学生具有一定的理性能力。只是相对于成人公民而言，这些能力是不完全的。因此，如果以理性能力和责任能力作为自由的前提，那么学生具有一定的理性能力和责任能力恰恰意味着，在教育中，也应当给予学生以适合于他的理性能力和责任能力的自由。这样的主张至少在逻辑上是成立的。最后，学生生活在一个类似于但却不同于成人所生活的教育社会之中，这样的教育社会为学生的健康成长提供了远远超过了社会所能够提供的有利环境。学生将由这个教育社会走向未来的成人社会，走向真正属于自己的生活世界。在这个教育社会中，学生的理性能力和责任能力得到锻炼和提高。作为自由主体的存在，学生通过自由的实践而获得运用自由的能力，从而在他们走向成人生活和公民生活中，承担起作为人和公民而应尽的责任和义务。必须要看到，自由所必需的理性能力和责任能力只有在自由的实践中才能够得到培养和提高。

学生在教育中是否能够摆脱某些干预或强制，是教育自由的第一个条件问题，也是教育自由的机会问题。说学生在教育中是自由的，在消极的意义上，也就是说学生在教育中能够摆脱某些干预或强制。需要注意的是，教育自由只是摆脱“某些干预或强制”，而不是所有干预或强制。因为，就教育的本质来说，教育对于学生来说也是一种干预或强制，但是这种干预和强制对于学生的成长和发展来说是必要的。同时，任何自由本身也总是以必要的干预和强制为条件的，社会制度与规范本身便属于对个体进行干预或强制的范畴。保证教育自由的第一个条件在于，这种干预或强制能够达到何种程度以及在哪些方面施以干预或强制。教育中过多地给予学生以干预或强制，是在剥夺学生教育自由的机会。教育对学生的干预或强制，必须是以某种情况的存在为条件。这种剥夺者可能是教育者，也可能是学校和政府。因此，就教育自由概念来说，学生的教育自由必定包含着消极的意义，即在一定的条件或前提下，学生能够进行适合于其理性能力的选择，享有适合于其理性能力的自由权利，此种权利的预设保证着学生在教育生活中，能够免于教育者的不正当强制和任意的干预。这是一种保证性的自由。对于它的认可，并不因为承认学生具有和成年人同样的地位而获得辩护，而是因为它的存在，有益于学生的成长和发展。对于正在接受教育的学生来说，消极的教育自由还从反面表明了这样一个问题，即由于教育秩序对管理的需要，教育者应在一定的程度上对学生进行干预、强制甚至强迫。在这里，消极自由的概念把自由作为任意干预或不正当强制的对立面而提出，从而约束、限制教育的任意干预、无端强制，而教育的强制也由此而获得正当性辩护。“任意”和“不正当”作为对“干预”和“强制”的限定或修饰，试图在合乎自由之要求的干预和强制与作为自由对立面的干预和强制之间做出区别对待。

然而，仅有消极自由的概念对于学生的教育自由来说是不够的。学生在教育中拥有免除干预的自由，并不意味着学生就是自由的。教育自由不仅意味着学生在教育中能够免除任意的干预或强制，而且还意味着学生在教育中能够去做或不去做什么事情。学生在教育中能够去做或不去做什么，要求某种外在的或内在的条件存在。一旦这些条件缺失，则学生的教育自由亦将不复存在。这是学生获得教育自由的第二个条件。法律上规定，每个学生都有接受教育的权利。从消极的意义上说，生活在这样一个社会中的学生，就法律规定学生具有接受教育的权利而言他是自由的，无论这个学生实际上有没有接受教育。只要没有人对他接受的教育进行任意的干预或强制他不去接受教育。如果由于家庭贫困的境况，如父母早亡从而使得他必须自己养活自己，而使得某个学生没有条件去接受某种教育，那么从消极的意义上看，这个学生在接受教育上仍然是自由的。但是，从自由的积极意义上说，这个学生在教育上是不自由的。因为，学生在教育中是否自由不能仅依据法律的形式规定，而需要根据他的自由的能力而加以判断。接受教育的外在条件的缺失，使得学生没有能力真正接受教育，那么学生在教育上也仍然是不自由的。这是一种情形。另一种情形则是学生的内在能力的缺失。当学生获得接受教育的机会并且外在的条件亦能够保证其接受教育，但是由于其自我认识上的问题而不断地逃学甚至辍学，或者因为自我控制能力不足而中止学业，那么学生在教育上也是不自由的。因此，就自由是“能做或不能做什么事情、能成为或不能成为什么状态”而言，它还包含另一个与自由密切相关的前提条件，即做出决定的能力——“自由就是能够做你自己想要做的事情”。但问题在于，正如泰勒所说的，“如果我们可以自由地操作某种能力，但是这种能力在某些方面没能实现或者受阻了，那么我们就是不自由的，或者说是不那么自由的。但是障碍可能是外在的，也可能是内在的。这一点是肯定的，因为和自由相关的能力涉及自我认识、自我理解、道德辨别、自我控制等，否则这种能力的操作就不能等同于自我引导意义上的自由。既然是这样，如果这些内在条件没有实现，我们可能就不自由。但是当这种情况发生时——比如我们自我蒙蔽，或者我们完全不能正确地辨别我们寻求的动机，再或者我们失去了自我控制——我们可能正在轻松地做那些我们自认为自己想要做的事情，这时我们并不自由；实际上，我们可能正在进一步地确立我们的不自由”。没有这样的一种自由的能力，则免除干预的消极自由，对于每一个个体而言，就失去了现实的意义。教育存在的意义和价值恰恰就在于让学生获得自由的能力，即作为未来成人公民完全意义的自由所必需的内在条件，消除自由的内在障碍。在这种情况下，学生教育自由的能力条件，就需要通过教育来解决。第一，作为受教育者的学生，什么是真正的自我愿望，是一个需要成人给予指导的问题。第二，在现代教育制度的背景下，作为专业人员的教师拥有学生发展方面的规律性认识以及教育学生所必需的知识储备，能够引导学生顺利地进入社会生活。概言之，教师具有正确规划学生发展的能力。第三，教师可以给学生提出建议并给予引导以助其自我实现。由此，教育通常被理解为学生在教育者的引导下朝着预期的发展目标迈进，它通常以教育目的的形式而出现，预示着理想人格和美好生活。

综上所述，根据自由的三维关系说，教育自由是指学生在教育中的自由，包括两个方面的含义。一方面，它是指学生在教育中免除教育者的任意干预或强制，从而保证学生在教育中拥有自由的机会；除非有着某些特别需要干预或强制的正当理由，教育者对于学生在教育中的一些基本的自由不可加以干预或强制。学生的权利概念为学生在这方面的自由提供了某种程度的担保。从这个意义讲，教育自由的概念是消极的。另一方面，它也是指学生能够参与教育活动，在教育中能够去做或不去做某些事情，同时通过教育获得自由的能力。在学校教育中，它可以具体表现为学生的听课、交作业、使用学校的设施设备和图书资料、参加学校组织的各项活动、获得正确的人生观、世界观和价值观，富有意义的人生规划，社会发展所需要的创新精神、理智能力和实践能力等。从这个意义上讲，教育自由的概念是积极的。

从三维关系来理解教育自由仍然存在着一个有待解决的问题，即有关教育自由的两个条件的优先性问题。在具体阐述基本观点之前，简要比较一下罗尔斯关于自由的概念解释与泰勒关于自由的理解，对于我们是有一定启发意义的。从罗尔斯关于自由的解释性框架中，我们可以发现，个体的自由既涉及消极意义上的自由，即“所摆脱的种种限制和束缚”；同时也是积极意义上的自由，即“自由决定去做或不做的事情”。罗尔斯站在其政治自由主义的立场上，将“摆脱种种限制和束缚”置于“去做或不做某事”之先，从而使得消极自由成为个体获得自由的必要条件，而“去做或不做某事”便成为个体自由实现的充分条件。而在社群主义者泰勒那里，积极自由则优先于消极自由。这种优先性地位的置换不仅仅是语句顺序的调整，更是其政治哲学主张的表现。但是，它还给我们提供了一个重要的思想线索，即无论是政治自由主义者如罗尔斯，还是社群主义者如泰勒，他们在有关个体自由之于消极的和积极的自由概念之关系上，仍然具有一定的共识，即二者之间并非是对立与矛盾的，它们都是个体自由不可或缺的条件。分歧只在于二者在政治实践中的优先地位不同。

从逻辑上看，积极的教育自由应当优先于消极的教育自由，亦即学生参与教育应当优先于学生在教育中的被免除任意干预或强制。因为没有学生对教育的参与，也就没有学生在教育中被免除任意的干预或强制。但是，从教育实践看，有两个方面的理由，使得我们必须对这个优先性做一置换，即学生在教育中的免除干预应当优先于教育干预。第一，无论是从观念史还是从实践史来看，教育中突出对学生的干预引来了许多问题并带来诸多消极后果，这是不争的事实。积极的教育概念，就是一种施加影响和干预的概念，也就是教育权利不可避免的概念，在这种情况下，只有通过优先性的置换，才能够解决教育实践中存在的诸多学生受教育之伤害的问题。第二，优先性的置换不会对积极的教育自由概念在教育实践中造成影响。教育的展开过程，既需要教育者的积极作为，也需要教育者的某些不作为。两者都有利于学生健康的成长和发展。将消极的教育自由概念置于优先的地位意味着，教育者的任何教育行为，都必须首先保证不对学生造成身心上的伤害，并且能够促进其个性的充分发展，在此前提下才施以积极的教育原则，对学生进行教育。

三维关系意义上的教育自由概念，将自由的消极概念和积极概念都视为其不可或缺的内容，那么消极的教育自由与积极的教育自由之间，是否存在冲突的问题。在我们看来，二者之间并不存在冲突。理由在于，从“三维关系论”的角度来理解教育自由，则自由的消极概念和积极概念是被我们看作个体在社会关系中获得自由的两个必不可少的条件。个体要获得自由就必须要消除妨碍自由的内部障碍和外部障碍。实际上这种观点并非完全为本书所持有。例如，主张消极自由概念的伯林亦认为，这两者之间并不必然存在冲突。伯林指出，“个人自由与民主的组织有可能冲突也有可能不冲突，自我实现的自由与不干预的消极自由也是如此。通常，强调消极自由，是为了给个人或群体多一些路径；强调积极自由，通常开放的路径较少，但对于沿着它们前行却有更好的理由或更大的资源；这两者可能冲突也可能不冲突”。伯林反对积极自由的概念，其意在于担心它可能导致的专制的后果。尽管如伯林所说，在消极的自由和积极的自由之间并非必然地存在着冲突，但确实存在着冲突的可能性。如果说，积极的自由概念将重心放在目的的实现上，那么对于消极的自由概念来说，重心则是实现目的的手段不应该对人造成压制。这样一来，两者的冲突就可能会变成目的的正当性与实现目的的手段的正当性之间的可能冲突。至少在现实的生活中，可能会出现以目的的正当性来证明手段的正当性的境况，从而带来对学生教育权利的侵害。

上述论述包含了以下几层含义。第一，消极的自由概念并不完全适合于教育，因为如果教育完全遵循消极的自由概念，那么就会导致教育的失败。教育对于学生来说即意味着强制与干预，意味着某种程度的不自由。正因为这样，教育者对学生的教育强制或干预，具有道德上的正当性和合理性。但是，由于在教育实践中，积极的自由概念一直处于主导的地位，并由此而带来对消极的自由概念的挤压，因此，有关教育自由的讨论的核心问题之一，则是消极的教育自由之正当性及如何保证其在教育实践中实现的问题。第二，教育强制的正当性预设了教育权利的正当性和教育者权威的必要性。但是，这绝不意味着教育者的教育权利可以随意地施加于学生的身上。教育权利的行使必须遵循确定的原则，此原则因符合自由精神和学生自我发展原则而获得正当性，从而保证教育权利行使的正当性。第三，在“自由”与“教育”之间存在着可能的紧张关系，这种可能的紧张关系是由积极的教育概念和消极的自由结合而产生的。罗素指出，“自由在本质上是消极的，它斥责一切可以避免的干预，而没有给人一个积极的建设的原则。但教育在本质上是建设性的，关于什么东西组成一个良好的生活，要求某些积极的概念。虽然教育中也尊重自由，只要它能和教导相配合，还可以比习惯上更多的自由而无害于教导，但是如果要教学生知识，除了理智非常发达而不与寻常同伴在一起的学生以外，显然不能给以完全的自由，而有些与自由的距离是无可避免的。因此某种程度上权力在教育中是不可避免的，凡是施教的人必须找到一条按照自由精神来行使权力的道路”。罗素的上述论述说对了一半，即教育乃是一个建设性的、积极的概念。教育就是对学生的某种干预或强制。但是，当他说自由是消极的概念时，这种说法显然存在一定的问题。如前所述，自由也同样是一个积极的概念。当自由被理解为消极的概念时，自由与教育之间确实可能存在紧张关系。这种可能的紧张关系只有通过诉诸积极的自由概念与消极的自由概念作为某种恰当的平衡。

四、两种自由概念与教育

一个非常明显的事实是，在理论的建构、教育实践的目的性以及教育实践参与者意图之间，往往有着很大的差异。不管理论对于自由的概念做出怎样清晰的分析，实践中极端状态的自由和不自由并不多见。实际上，从教育观念史来看，无论是古代教育还是近代以来的教育，我们总能够在蕴含着积极自由概念的教育实践中发现消极自由的因素，也总能够在突出消极自由的教育实践中发现积极自由的因素。从总体的教育实践史来看，积极自由的概念一直是处于主导的地位，只是这种主导的地位，因为某种权利观念向教育领域的渗透促使人们开始关注学生在教育中的消极自由而受到动摇。透过教育观念史来看教育自由的概念，将会更有助于我们把握教育自由的内涵。

（一）古代人的自由概念与教育

由于自由观念的现代性特征，古代人在论及教育时，很少或几乎不涉及自由问题。古代人的自由包含着参与教育的意味。“参与”一词在政治哲学和教育哲学中具有不同的含义，但彼此又紧密地联系在一起。在政治哲学中，所谓“参与”是指自由人或公民“以集体的方式直接行使完整主权的若干部分”。杰弗里•托马斯在分析作为参与的自由时指出，“在古代人的自由与积极自由之间有一个直接的联系。如果积极自由是理性的自我引导，那么，‘古代人的’自由就可以被视为对积极自由的集体应用。由于一群理性的、自我引导的个人共同管理他们的集体事务，积极自由就变成了集体的自治”。而在教育哲学中，所谓“参与”则是指具有潜在的政治参与身份或资格的公民，他们依据城邦的律令，有资格接受城邦或国家为他们准备做好公民并履行公民义务、参与政治事务而筹划的教育。就奴隶被排除在教育之外而言，他们在教育上是自由的，即他们因其公民的身份而有资格接受城邦的教育。由此可以看出，政治自由与教育自由是紧密地联系在一起的，没有政治上的自由即成为自由人，就不可能拥有教育上的自由。反之，教育自由则为公民参与政治生活和公共事务提供了保证。这一点在柏拉图的《理想国》中得到了充分的阐述。柏拉图指出，“立法不是为了城邦任何一个阶级的特殊荣誉，而是为了使全国作为一个整体的和谐。它运用说服或强制，使全体公民彼此协调和谐，使他们各自能向集体提供利益让大家分享。而在城邦里造就这样的人，其目的就在于使他们不致各行其是，把他们团结成为一个不可分的城邦公民集体”。因此，如何造就参与城邦事务的公民，就成为《理想国》中的主要问题之一。柏拉图把造就这样的人的工作称为“把灵魂拖着离开变化世界进入实在世界”。对于古代人来说，教育是国家的大事，城邦的公民为了履行城邦所赋予的义务和使命，尽到其作为公民的职责，就必须接受作为公民应该接受的教育。一个自由人是必须接受教育并且必须要学习的。就学习而言，自由人没有选择的余地。换言之，自由人没有不接受教育的自由——实际上这种观念一直延续到今。近代义务教育制度的出现，只是将面向少数人的参与教育自由扩张到全体公民。政治生活与城邦公共生活，需要公民有参与政治事务与城邦公共事务的能力。这是城邦公共福祉的条件与保证，“没有受过教育的人不能把自己的全部公私活动都集中于一个生活目标，而作为这个国家的建立者的职责，就是要迫使最好的灵魂达到我们前面所说的最高的知识，看见善并上升到那个高度”。不仅独柏拉图如此，亚里士多德也持类似的看法，“教育事业应该是公共的而不是私人的；不要像现在这样，每人只分别地照顾自己的学生，给予他们自以为最适合于他们的教育。凡与共同利益有关的事物，大家都应受到相同的训练。我们也不应当以为任何一个公民是属于他自己的，因为他们都是属于国家的，人人都是国家的一分子，所以对于各个分子之照顾与对于全体之照顾是分不开的”。

《理想国》所阐述的教育主张可以看作古希腊城邦教育的实际状况的反映。从古希腊城邦的实际情况来看，城邦总揽一切的权力，对民众具有绝对的支配权。“在这种原则上建立起来的社会，个人自由是不存在的。公民在一切事务上都必须服从城邦。公民完全属于城邦”。与此同时，希腊人的教育也远不是自由的。“国家首先要总揽的就是教育大权。在斯巴达，父亲无教育子女的权力。雅典法律似乎比较宽松，但城邦仍规定学生共同授业于指定的教师门下”。柏拉图对此论述道，“父母不能随意令子女去还是不去国家指定的教师家里读书，因为学生与其说属于父母，不如说属于城邦”。国家认为，公民的精神与身体都属于它，所以它要塑造他们的精神与身体，使之对国家有益。因此，“古人既不知道什么私人生活自由，什么教育自由，也不知道什么信仰自由”。不过这里所说的自由，乃是在现代人的自由意义上来说的，亦即在消极的意义上来言说自由概念的。教育史家 S.E. 佛罗斯特在其所著《西方教育的历史与哲学基础》中写道，“学生早期教育在家庭，由母亲负责，……学生七岁被送到国家的寄宿学校。从此，他的教育完全由斯巴达国家负责，……在此，他与其他学生一起学习作为一个公民所需要的一切职责和技术”。斯巴达教育的目的是训练优秀的战士，用来防御和增强斯巴达国家的势力，维护公民的地位。就此而言，斯巴达教育是一个成功的教育。但是，如果按照它对人类幸福的贡献来衡量斯巴达教育，或按照它对未来民主自由、个性创造的发展的限制来看，斯巴达的教育则是一个很不幸的失败例子。

无论是在古人的论述中还是在今人的研究中，都可以看到古代希腊城邦教育具有这样几个特征。第一，学生接受教育是强制的。这一点不存在自由或选择的权利。从此后的教育发展来看，学生接受教育的强制性一直到18世纪、19世纪才在欧洲又重新恢复。这是城邦或国家对培养合格公民的需要所致。第二，在教育的目的上，学生接受教育只能为了城邦的需要，在强制性的接受教育的制度下，学生接受怎样的教育，也同样没有选择的可能性。与19世纪末20世纪初在西欧及北美等地兴盛的进步主义教育运动重视学生的兴趣和需要所不同，教育的开展是以城邦或国家的需要为旨归。一切不利于培养公民的内容与课程，均不得传授给学生。教育的存在在于指引其公民进入城邦或国家的精神生活。由于教育关系到城邦或国家未来的精神生活，因而公众能够参与的教育，受到了城邦的严格限制。

从《理想国》所提出的主张来看，城邦或国家对于教育的约束集中表现在教育目的的设定、教育内容的选择和学生游戏活动的限制等方面。首先，城邦的教育目的是与至善的观念相联系的，因而是不可加以选择的。“教育乃是从小在学校里接受善，使之抱着热情而又坚定的信念去成为完善的公民，既懂得如何行使又懂得如何服从正义的统治。……任何以财富、身体的力气，以及其他与理智和正义无关的事物为宗旨的训练，都是粗俗的、不高雅的，完全不配称作教育。……正确的教育就是接受我们所说的善。”基于这样的主张，《理想国》所确立的公民教育的目的有二：一是对真理的把握，了解所有事物得以产生的原因；二是对社会正义（善的理念）的理解，使公民能够进入国家的精神生活，引导公民进入并参与城邦的公共生活和政治生活。通过受教育过程的外在引导，公民进而获得自我引导的能力。把握善的理念，是公民在城邦的公共生活中以及在其私人生活中合乎理性行事的条件。通过教育使公民获得善的理念，最终的目的在于培养城邦所需要的“自由人”或公民。在《理想国》中，柏拉图多处提到“自由人”这样的概念，但我们切不可将柏拉图的“自由人”概念与近代以来的“自由人”概念等同起来。与柏拉图“自由人”概念相对应的，则是“奴隶”的概念。施特劳斯指出，“追本溯源，‘自由’一词最初的时候和现在一样，富有政治意味。但其原初的政治意义与现代的政治意义几乎是对立的。最开始，自由人指行为自由的人，与奴隶相区别。因此，‘自由’针对的是奴隶制度，并且以它为前提”。一个自由人，就是一个正义的人。“每个人都必须在国家里执行一种最适合他天性的职务”，“国家的正义在于三种人在国家里各做各的事”。而个人的正义，则在于“不允许自己灵魂里的各个部分相互干预，起别的部分的作用。他应当安排好自己真正的事情，首先达到主宰自己，自身内秩序井然，对自己友善”。一个自由人，也就是“做正义的事，实践做好事、做正义的人”。相反，与近代以来“自由人”概念相对应的，则是“国家”或“政府”的概念。前者强调对公共事务和政治生活的参与权利，后者则强调政府及其拥有的权力不得随意干预个人的权利。

其次，在教育目的的支配下，诗歌作为教育内容受到严格控制。这种控制表现为对诗歌及其编者的审查。这主要是因为，在古代的哲学家和教育家看来，以诗歌的形式而呈现出的道德叙事，总要反映某种善观念和诸美德。一切叙事都可以理解为道德叙事。所区别的只是在不同的叙事中，所内含的道德观念和价值观念之差异；以及不同的叙事形式所呈现的差异是多样的道德观念的差异。因此，叙事作为教育学生的道德叙事，不仅需要对故事内容提出严格的要求与进行周密的安排，而且还需要对诗歌的叙述形式提出要求。柏拉图认为，护卫者的教育应当从体操和音乐开始，“用体操来锻炼身体，用音乐来陶冶心灵”，但是，这并不意味着学生可以自由地选择自己所喜欢的内容。“不应该放任学生听不相干的人讲不相干的故事，让他们的心灵接受许多我们认为他们在成年之前不应该有的那些见解”，“为了培育美德，学生最初听到的应该是最优美高尚的故事”。排除教育中“不相干的人”与“不相干的故事”的最有效的方法，就是对故事的编者以及对故事本身进行审查。由于无法做到在城邦之中驱逐诗人，所以能够采取的策略就是对诗歌的严格审查。由于无法放逐诗人，亚里士多德著《诗学》一书来规范诗歌或话剧以达到教化公民的目的。诗人的地位因教育服从于城邦培养公民的需要而被贬低。不仅故事的内容，而且故事的形式或风格都在审查的范围之列。柏拉图的这些讨论虽然只涉及教育者、教育内容以及教育方法的问题，但这种严格的限制对于学生来说，则意味着学生在受教育过程中并没有任何选择的自由。教育并不需要考虑到学生的兴趣和需要。一切教育都必须以真理和正义为指向。这一点与近代的教育并无多大区别。

最后，不仅如此，连学生的游戏活动也受到限制。在柏拉图看来，学生的游戏所隐含的社会意识与道德观念会“一点点地渗透，悄悄地流入人的性格和习惯，再以强大的力量由此流入人与人之间的关系，再由人与人的关系肆无忌惮地流向法律和政治制度”，从而破坏公私方面的一切。因此，学生“必须参加符合法律精神的正当游戏。因为如果游戏是不符合法律的规定，孩子们也会成为违反法律的孩子”。反之，如果孩子们从一开始做游戏就能借助于音乐养成遵守法律的精神，而这种守法精神又反过来反对不法的娱乐，那么这种守法精神就会处处支配着孩子们的行为。

因此，可以这样说，古代人接受教育，虽然就其参与教育而言是自由的，但也仅仅如此而已。对于所有参与教育的学生来说，教育都是强制的。值得注意的是，教育的强制性并不意味着强制的教育。教育的总目标在于把握正义，也就是把城邦的公民带向“光明世界”，就此而言，教育具有强制性，不存在消极意义的自由意蕴。但是，这并不意味着在教育的展开过程中，教育者采取强制的灌输等手段。教育重在“引导”学生走向“光明世界”，这一过程本身是非强制性的，因而是一门艺术。这是一种“把灵魂拖着离开变化世界进入实在世界的学问”，或者称之为是“灵魂转向的技巧”，“即一种使灵魂尽可能容易转向的技巧。它不是要在灵魂中创造视力，而是肯定灵魂本身有视力”。概言之，城邦公民必须接受教育。但是这不表示一个人在学习或接受教育过程中就是被迫的。“一个自由人是不应该被迫地进行任何学习的……被迫进行的学习是不能在心灵上生根的”，因此，“请不要强迫孩子们学习，要用做游戏的方式引导学习。你可以在游戏中更好地了解到每个人的天性”。

柏拉图的这一主张，与其所主张的教育是国家事务的强制性教育观点正好相融合，并且这一教育主张在其“洞穴之喻”中得到了很好的描述。柏拉图指出，如果一个人“被迫突然站了起来”“被迫看火光本身”，被迫“走上一条陡峭崎岖的坡道，直到把他拉出洞穴见到了外面的阳光”，那么他将会感觉痛苦，以致不知如何是好，无法看清真实的事物。因此，“要他能在洞穴外面的高处看得见东西，大概需要有一个逐渐习惯的过程。首先看阴影是最容易的，其次是看人和其他东西在水中的倒影容易，再次是看东西本身。经过这些之后，他大概会觉得在夜里观察天象和天空，看月光和星光，比白天看太阳和太阳光容易”。最后则达到“在它本来的地方就其本身看见其本相”的境界。

从“洞穴之喻”中大体可以看出柏拉图语境中教育所具有的含义。第一，教育的本质并不是把单纯的知识注入人们的心灵之中，而是需要把受教育者置于本质的位置上，并且使人适应于这个本质的位置。第二，教育的真正目的在于使人首先从照面的事物的区域移植到事物本质显现于其中的区域，以使个体适应本质的存在，从而使个体从“遮蔽状态”走向“无蔽状态”。个体所置身于其中的无蔽状态，其实也就是人们所期望的自由区域。第三，为使教育能够获得成效，教育必须是一个引导过程，“教育实际上就是把学生引导到由法律宣布为正确的规则上来，其正确性为最优秀的人和最年长的人的共同一致的经验所证明。学生的灵魂学习感受快乐与痛苦不可以用成年人的方式，……而要与成年人为伴，在与成年人所经历的相同事物中习得快乐与痛苦”。引导的教育观使得柏拉图坚决反对灌输的教育，“教育实际上并不像某些人在自己的职业中所宣称的那样。……能把灵魂里原来没有的知识灌输到灵魂里去。……因为知识是每个人灵魂里都有的一种能力”。并申明，“教育的总和与本质实际上就是正确的训练，要在游戏中有效地引导孩子们的灵魂去热爱他们将来的事业”。

或许可以这样认为，教育的强制性迫使古代的思想家为了缓解因强制而带来的痛苦，故而提出“引导”的教育观，亦即主张非强制的教育，以舒缓其内在的紧张关系。“引导”的教育使得柏拉图不能不去思考体现这种引导观念的教育原则及整体教育制度的安排问题。关于正确教育的原则，柏拉图认为，“假如我没有错，它是按照适当的欢乐交往的规则而定的”。这表明，教育应遵循学生的自然本性。可以从几个方面来理解这种遵循人的自然本性的教育观。第一，柏拉图指出，“快乐与痛苦是学生最先的感觉，这些也就是善与恶对他们最初呈现的形式。……所谓的教育，就是指对学生适当的习惯给予善端的培养；——当把快乐、友谊、痛苦和憎恨都适当地植根于学生心灵的时候，他们对这些性质固然还不能明白，但一旦有了理性思维，就会发现这些都是互相和谐的。当心灵的和谐达到完善的境地时，就是道德；而那种依于欢乐和痛苦的特殊训练——它从始至终总在引导着你去恨你所应该恨的，爱你所应该爱的——是可以分开来的；我看这可以正确地称之为教育”。当教育遵循学生的自然本性时，教育便是在自由的状态中展开，而非是一种强制的活动了。第二，依据施特劳斯对《理想国》的解读，正义的教育是与人的自然本性相符合的教育。人的自然本性是不一样的，因而对于同属公民的城邦之成员，也应当施以不同的教育。正义的社会就是每一个人都能做好他所从事的职业。而这种职业是依据他的自然本性来确定的。人生而有别，因而人生而具有不平等的地位。“他们的不平等特别关涉到他们取得美德的能力。天生的不平等通过不同的教育方式或习惯以及城邦的不同部分所享有的不同的生活方式而得以强化和深化”。的确，在这里我们所看到的，恰恰是依据不同的天性而施以不同的教育，以使每一个人固有的天性得以充分的发挥。它避免了教育中的强制而使学生能够在自由的状态下获得美德，但是，它也直接产生了一个后果，那就是教育的不平等。然而这种不平等对于“理想国”来说则是正义的。因为城邦本身就是一个等级化的共同体且各个等级之间彼此不可相互逾越，而教育的不平等恰好对应着城邦的等级秩序。值得注意的是，在柏拉图的“理想国”中，人的自然本性并非是近代意义上的理智能力或智力水平，而是人的理性能力，即获得美德的能力。个人的理性能力不仅决定着一个人的受教育程度，而且决定着他属于哪个等级。

（二）现代人的自由概念与教育

从教育观念发生史来看，学生的教育自由有着一个由积极自由向消极自由演化的发生过程。这个过程使得消极的自由在教育中逐渐被认可。由此，教育开始面临着来自自由的挑战。近代社会以来，教育所面临的自由的挑战，是教育与自由各自内在的规定性所决定的。正如麦金太尔所指出的那样，“社会变化不仅使曾经是社会所接受的一定类型的行为成了问题，而且也使得那种已经界定了先前社会的道德结构的概念出了问题”。同样的，社会变化也使得人们对教育的概念界定出了问题，这个问题便是学生作为人的概念的提出。因此，教育自由概念的提出，本质上是社会的学生观发生了根本性的甚至是不可逆转的改变。它是人的自我解放在学生身上的体现。然而，学生的教育自由概念出现，却又是与人们对有关“自由的受限”的理性认识分不开的。恰恰是“自由的受限”保证着社会的福祉不受损害，而又同时使得个人的福祉得到更大的提高，由此使得自由作为西方社会的基本价值的正当性得到辩护。同样学生的教育自由也是如此。区别只在于，学生的能力的未成熟状态，使得学生的教育自由较之一般成年人在日常生活中的自由，受到更多的限制。上述观念归纳起来是三个命题：人是自由的；人的自由应当受到限制；学生的自由较之成人的自由受到更多的限制。

人的自由受限有两个前提。第一，人作为自然的社会存在，必然会受到来自他者的限制，即人在社会生活中限制他者的同时也同样受到他者的限制。“人是这样构成的，除了与他人生活在一起，他就无法活下去或活得好。既然使人区别于动物的是理性或语言，而语言就是交流，那么人比任何其他社会性的动物，更具有社会性；人性本身就是社会性”。人作为社会性的存在，意味着人的行动就自然地受到他人的约束与制约，同样他作为一个人的存在也在约束和制约着他人的行动。个体与社会的关系决定了社会为个体的存在提出了自由的要求，也为个体的自由设定了条件。个体生活在社会之中，使得“这样的人与人的关系——在其中可以随心所欲，绝对自由的行动或恣意地妄为是不存在的。……人的自由伴随着一种神圣的敬畏之心，伴随着一种先见之明：并非一切事情都是可以做的。我们可以把这种由敬畏之心引发的恐惧感叫作‘人的自然良知’”。这意味着，为着个人的自由，他必须学会如何自由——自由的能力。通过教育，使得每一个人都知道，哪些事情是可以做的，哪些事情又是不可以做的。因此，人是为了自由而受教育。第二，人是在社会中获得完满或完善的。追求完善是人的终极目标之一。人的完善作为目标而欲求，意味着人自身的不完善。“人类两性之别标志着每一个的不完善，同时也标志着他们能够实现完善的方式：正如男女结合——爱欲的首要目标——使‘人’自足地达到人类的长存一样，人的所有其他不完善之处在人的‘理念’中都是完善的。……人类全体而非其部分才是自足的”。人只有通过与同胞交往并同他们结成政治共同体，才得以完善，只有在群体之中，人才可以获得其自身的完善，则人为了欲求自身的完善，就必须约束自己的行动，或者自己的行动必须要受他人的控制。上述有关个体存在性的两个前提表明，个人在社会中的自由，在一定的意义上也就是个人在社会中的受限制，即不自由。个体的自由是以个体的不自由为条件的。个体的不自由恰恰是为了个体的自由存在。

但是对于接受教育的学生来说，他的言行不仅要受到上述两个前提的制约，而且还受到他的行动能力不成熟的制约。那么，在这样一种有关自由的论述中，教育应该扮演什么样的角色呢？或者教育应该如何发挥它对个体自由的作用呢？或者教育与自由之间到底存在着一种怎样的关系呢？这些问题的提出，使得近代以来的教育开始发生较之古典教育更为根本性的转变。

近代学生教育自由的观念源自洛克的理论工作并在洛克那里得到最系统的阐述。在洛克的思想体系中，理性乃是个体自由的基础和条件。一切德行和优点的原则在于克制自己耽于满足欲望的能力，欲望即理性未曾占据支配地位的地方。这一克制能力是经由习惯才能获得的，如果趁早实践，它们还能应用得容易和娴熟。……他们第一件应该明白的事情是，他们之所以能得到某样东西，不是因为这样的东西他们喜欢，而是因为他们适合得到它……幼童越小，就越不应该纵容他们难以控制的欲望。他们自己拥有的理性越少，就越应该把他们置于管教者的绝对权力和约束之下。“德行的真正原则和标准在于明白一个人的责任，满足于服从造物主，遵行上帝所给予的启迪，以期获得他的认可和赏赐。”在洛克看来，所有的人生来都是平等的。平等，即每一个人对其天然的自由所享有的平等权利，不受制于其他任何人的意志或权威。但是，对于学生来说，情况似乎又有差异。换言之，从自然的自由来看，学生生来应该享受这种平等，但是由于人生来都是婴儿，孱弱无能，无知无识，理性还不够成熟；因而学生生来就处在一种不平等的状态之中。学生对成年人的这种不平等状态，主要表现为“父母在他们出生时和出生后的一段期间，对他们有一种统治和管辖权”。这意味着，学生对成年人的不平等，乃是自由权利的不平等。换言之，由于理性的不足，成人所享有的自由并不为学生所享有。

要理解洛克有关学生自由的观点，需要准确地把握洛克对自由的解释。洛克的自由观，可以看作消极自由观。洛克指出，“处在社会状态中的人的自由，就是除经人们同意在国家内所建立的立法权以外，不受其他任何立法权的支配；除了立法机关根据对它的委托所制定的法律之外，不受任何意志的统辖或任何法律的约束。……这是在规则未加规定的一切事情上能按自己的意志去做的自由，而不受另一人的反复无常的、事前不知道的和武断的意志的支配”。概言之，自由就是对理性法则的遵从。人的自由是依照他自己的意志来行动的自由，是以他具有的理性为基础的。理性能帮助他了解他用以支配自己行动的法律，并使他知道他对自己的自由意志听从到什么程度。在学生用理性来指导他的行动之前放任他享有无限制的自由，则是使学生处于和野兽一样不幸的状态，远远低于人所处的状态。这样一来，学生的自由权利就会因为他的理性的不足而受到限制。洛克认为，法律即理性的法则。如果一个人因愚昧无知而不会运用理性，那么就意味着这个人不受法律的约束，因而这个人就是不自由的。“法律是既由理性公布或发表的，那么他如果还不能运用理性，就不能说他是受这个法律的约束的”，那么当学生不受这些法律约束时，他们也就没有自由。“法律按其真正的含义而言与其说是限制还不如说是指导一个自由而有智慧的人去追求他的政治的利益……而单单为了使我们不致坠下泥坑和悬崖而做的防范，就不应称之为限制”。因此，没有法律也就没有自由。自由就是在人们所受约束的法律许可的范围内，随心所欲地处置或安排其人身、行动、财富和他的全部财产的那种自由，在这个范围内他不受另外一个人的任意支配，而是可以自由地遵循他自己的意见。

在经验的层次上，有两种人——不成熟者和理智有缺陷者——是必须服从父母或监护人的管教的。这两种人由于都不具有完全的理性，因而是不自由的。每个人都应该拥有一种指导其行为的悟性，以便使其在法律约束的范围内享有一种意志自由和属于意志自由范围内的行动自由。但是，学生理性的不成熟以及指导其行动的悟性的缺乏，使其丧失自己可以遵循的意志。这是法律所不允许的，而不是学生父母意志的表现或不许可。这个时候，父母代替学生使用理智或监护人意志的指导，仅仅是法律的授权。“在一个人尚未达到自由的状态，他的悟性还不适于驾驭他的意志之前，必须有人来管理他，作为支配他的一种意志。”洛克问道，一个婴孩“不论他怎样自由、怎样至高无上，在年龄和教育使他具有理性和能力来管理他自己和他人之前，难道就可以不服从他的母亲、导师和监护人的支配吗？他生活上的需要、身体的健康和心灵的培育都要他受他人的而不是他自己的意志的指导……这种对他的管教，只是使他更好和更早地具备行使他的自由权或主权的条件”。但是一旦学生成长到足以理解法律，从而他可以把自己的行为限制在法律的范围之内时，学生便被认为知道遵循法律和应用自由，从而也就和成人一样获得了充分的自由。洛克由此得出结论说，“我们是生而自由的，也是生而具有理性的；但这并不是说我们实际上就能运用两者；年龄带来自由，同时也带来理性”，而对于学生来说，服从父母与自然的自由是一致的。一个学生是依靠他父亲的权利、理智而自由的，他父亲的理智将支配着他，直到他具有自己的理智时为止。一个成年人的自由与未成年的学生对他的父母的服从，两者没有冲突但也不相同。这样一来，我们就不得不面临一个问题，即在主张公民自由的洛克那里，至少从其相关的论述来看，洛克是不主张学生的教育自由的，或者说他并没有明确地赞成学生的教育自由。我们该怎样来理解洛克这一基本的教育强制性的主张呢？

在洛克所处的时代，学生的受教育权利，归属于家庭中的父母。洛克明确指出，学生的受教育权是属于父亲的。“作为父母之责的教育似乎具有特别大的权利，因为孩童时期的无知和缺陷需要加以约束和纠正”。但是，值得我们注意的有以下几点。第一，父母对于学生的权利只是暂时性的，这种暂时性的教育权利意在帮助学生弥补未成年时的不足和缺陷，是学生的成长所必需的一种约束。父母的教育权利的行使止于学生的成年，“当他们成年并享有公民权时，父母就不能再限制他们的自由”。第二，即使是在学生的未成年时期，父母对他们拥有统治权和管辖权，也有一定的界限。这个界限便是学生的生命和财产。洛克明确地指出，父母对于学生的权利不能及于他们的生命和财产。洛克指出，“在儿女没有饿死的危险时，父亲可以任意处理他自己的财产，然而他的权利不能推及于孩子的生命或他们靠自己的劳动或他人的赠予所得的财物”。关于第一点，无须多说。而洛克所提出的第二个方面的观点，即教育权利不能及于学生的生命与财产，尤其值得我们重视。因为它所表达的是这样一种观念，即在学生身上也同样存在着教育权利不可及的领域。生命、健康、自由和财产，是洛克的政治理论所赋予人的基本的权利，“人们既然都是平等和独立的，任何人就不得侵害他人的生命、健康、自由或财产”。在生命、健康、自由和财产四项权利中，洛克将生命、健康和财产三项权利归属于学生，而独保留自由的权利直到学生成长为成年人。这是近代民主政治的教育与古典教育的根本区别所在。

这样，洛克关于教育自由的思想，至少可以表现在两个方面。首先，从教育的目的论方面来说，则教育应当培养学生的理性，以为成年后的他们奠定自由的基础。其基本的思路是，自由是以理性为基础的，自由的人即服从其理性；在学生的身上，则是欲望控制着理性，“幼童越小，……他们自己拥有的理性越少，就越应该把他们置于管教者的绝对权力和约束之下，直到他们能够运用理性或达到一种知识状态为止，在那种状态下，我们可以假定他们有能力懂得那种应该用来规范自己的准则，不论那是自然法或他们的国家的国内法——我所说的‘有能力’，是说像那些作为自由人在法律之下生活的人那样懂得法律”；将学生置于成人的管教之下，实际上亦即将学生置于成人的理性之下，并在这一过程中，使学生获得自由所必需的理性。因此，教育的过程，是学生的理性得到发展的过程，也就是学生成为自由人的过程。教育也是自由教育。其次，从教育的过程论来看，近代以来的教育家则在主张教育强制的同时，开始划定一个教育权利不及的领域。此种领域的划定，包含消极意义上的教育自由思想。这种思想所表明的是消极的自由概念在教育中的典型运用。

比较洛克的思想与古希腊的教育思想则会发现，我们完全不能够在古典的教育著述中找到有关“教育权利不可及”的思想。由此我们可以看出古代人和现代人在教育学生上的某种根本性的差异。这种差异反映在教育的主体上，即城邦作为教育的权利者与父母作为教育的权利者的差异。在前者，学生获得城邦所持有的一套善的观念，成为教育的目的所在。对于古代人来说，这没有什么不当之处，成为城邦公民，亦即拥有与城邦相匹配的善的观念；只有拥有诸如此类的善的观念，公民才成为自由人，才有资格参与城邦事务的管理。对于洛克来说，德行和优点的原则乃是克制自己欲望的能力。这种克制欲望的能力就是理性。由此而带来的是善与美德为理性所取代。而就教育的强制性而言，古代教育与现代教育并无多少根本性的区别，但对于洛克以来的现代教育而言，教育者的教育权利并非是无限可及的。因此，现代以来的教育，总是设定学生作为权利主体的存在，并且不断地缩小着教育强制性和教育权利干预的范围。

第二章 权利观念下教育自由的界限

教育自由问题，是近代以来伴随着权利观念兴起并且向教育渗透而产生的问题。至少在前现代社会的人们观念中尚未存在教育自由问题。可以说它是与现代性三次浪潮相伴而生的：由马基雅维里和洛克等人发起的第一次浪潮，由卢梭、康德等人发起的第二次现代性浪潮以及由尼采和海德格尔等人发起的第三次现代性浪潮，恰恰在这三次现代性浪潮的代表性人物中，我们都可以发现他们对教育自由的宏旨高论：洛克的《教育漫话》、卢梭的《爱弥尔》、康德的《论教育》。但是，权利观念是如何导向提出教育自由的要求的？教育自由概念一经提出，它对教育产生着怎样的影响？在由权利观念而引发出的学生的教育自由语境下，教育强制的正当性何在？教育与自由之间可能存在怎样的冲突？教育与自由如何能够结合在一起而彼此协调？第二章将对上述问题做一探讨。

第一节 权利、自由与教育之间的关系

与权利观念相伴生的自由观念向教育领域中的渗透与扩张，使得处于由传统社会向现代社会过渡的人们——从父母到学校的教师、从教育实践者到教育思想家——处于一种茫然不知所终的状态。在极端的情况下，甚至忙碌于日常教育生活中的人们也不得不去思考这样一个问题：什么才是最好的教育？什么才是最好的教育秩序？当作为受教育者的学生每日浸染着自由的观念，而试图不断地挑战与反叛教育者的教化与规训时，一个巨大的裂痕出现于教育之中。这是横亘于教育者与作为受教育者的学生之间的裂痕，也是学生的当下与其未来的裂痕。这种裂痕的出现，预示着传统意义上的教育强制的正当性受到自由的挑战，同时也使得人们不断地去思考教育强制与教育自由的关系以及教育强制的不同形式等问题。

一、权利观念与学生教育

权利乃是近代的观念。发端于马基雅维里的权利观念，经霍布斯至洛克而形成。对于前现代社会的政治哲学家来说，一切自然存在者，至少是一切有生命的存在者，都指向一个终极目的、一个他们渴望的完善状态；对于每一特殊的自然本性，都有一个特殊的完善状态归属它；特别地，也有人的完善状态，它是被人（作为理性的、社会的动物）的自然本性所规定的。自然本性提供标准，这个标准完全独立于人的意志。至少在霍布斯之前，人们是这样来理解自然的，即自然法是借助于人的诸目的之等级秩序得到理解的，在这个目的等级中，自身保存所占据的位置是最低的。与古典自然权利论主张自然权利是永恒的绝对的观念所不同，近代以来所兴起的权利观念认为，自然的永远也是个人的。个人必须得到解放，以使得他不仅能够追求幸福，而且是追求他心目中的那个幸福。因此，每个个体的自然权利同样属于每个人作为人所应具有的权利。从马基雅维里、霍布斯开始，当自然法被理解为自身保存的正当时，权利的观念便产生了，并由此而确定了人在社会生活中的中心地位。人的这种中心地位以及与此伴随的权利是与任何义务及职责都有分别的——这个发展过程的最终结局便是用人的权利取代了自然法（人取代自然、权利取代法）。近代政治哲学理论中真正能够引起颠覆性思想的，恰恰在于由自我保存的正当性而引发出的权利与自由的观念。基本的权利是个体的自我保存的权利。就此而言，每一个人都是平等的；而就生命的保存而言，每个人对于保存自己的生命都是自由的。换言之，自我保存对于每一个人来说都是正当的。对于人的目的的等级序列的自然正当的思想来说，人因目的等级序列而被区分为人的等级序列，是合于自然的。这样，人与人的关系就不是一个完全的平等的关系，而是一种统治与被统治的关系，一种等级关系。公民与奴隶、丈夫与妻子、父亲与儿子都是这种统治与被统治关系或等级关系的最好体现。但是，权利观念下的人们之间的关系，却不是一种等级序列关系，而是一种平等的、每一个人的自行其是都有其合法性的社会关系。

一旦前现代社会中的等级关系被打破，一旦成人之间的社会等级关系发生变化，随之而来的，就是成人与学生、教师（教育者）与学生（受教育者）关系的改变。这种观念在下面的论述中得到很好的阐发，即“每个学生，和一切成年公民一样，都具有天赋权利，这不仅包括生命、自由和追求幸福的权利，而且还包括他的才智使其能在社会等级中享有一定地位的权利”。尽管权利观念主要是政治哲学理论探讨的主题，但是，它对教育所产生的影响持续至今，并从单纯的理论领域日渐走向日常的教育实践领域。前现代社会迈进现代社会所带来的等级关系的改变，对于教育来说具有根本性的颠覆意义。其中一个重要的变化，在于将自由的观念引入教育领域，从而使得学生日渐成为自由的主体。因此，权利观念向教育领域渗透的过程，既是教育自由观念的确立过程，也是学生的解放过程。

“学生的解放”这一表述隐含着太多的含义，需要做具体的分析。学生的解放至少可以区分为“精神的解放”和“权利的解放”。所谓精神的解放，就是成年人不再把学生排斥在“同类”的身份之外，而是把学生看作成年人的同类——尽管这种“视为同类”的观念在教育上的落实是一个历史的过程。当亚里士多德将学生与妇女及奴隶并举并置于与父亲、丈夫、公民相对立的地位时，学生的非同类身份已经被揭示得清清楚楚。所谓权利的解放，则是宣布学生拥有与成年人同样的或者在许多领域具有同样的权利。学生权利的解放发端于洛克的倡导。在洛克那里，对学生拥有部分实质性的权利（财产权、生命权和健康权）的承认，意味着对学生作为人的承认。对学生权利的承认使得洛克在教育中应当让学生“获得他们的年龄所应有的自由”，并主张“只要做得不坏就行，其余的自由都应给予他们”，斯宾塞则以直接明了的方式论述了学生权利的必要性。在斯宾塞看来，“关于把平等自由的法则推广到学生，我们必须说，公平命令我们这样做，权宜之计建议我们这样做。我们发现，从成人的权利以相同的原理用相同的论据推断出学生的权利；而否定学生的权利使我们陷于困境，并似乎无法逃避”。斯宾塞坚守这样的信条，即每个人都有从事所有他想做的事情的自由，假如他并不侵犯任何别人的平等的自由。斯宾塞将这个信条称为“平等自由的规律”，并且认为，学生作为人，也应当享有与成人同样平等的自由。不过，公民的政治自由的权利排除在外。学生权利解放的根本性标志是1924年的学生宣言，而完善于1989年联合国的《学生权利公约》。1989年的《学生权利公约》开篇就指出，所有的人，或是成人或是孩子，都享有1948年国际人权宣言中所规定的所有自由和权利，同时列举了学生应受到保护的一系列自由方面的权利：在意见表达、思想意识、宗教、结社、和平集会甚至在个人生活上得到尊重等。这是成年人与学生关系的根本性变化，也是自卢梭以来所提倡的学生解放的必然成果。在这里，学生被承认与成年人类似并因此具有同样的权利和自由。当学生像成人一样拥有大体相当的权利和自由时，作为教育者的成年人才会考虑由承认学生权利所带来的后果，即“在何种情况下怎样来界定这些自由表现的限度，以确立权威的明晰的效力和教育上可能给予的惩罚”。这一困境的实质在于，现代社会中的成人与学生之间关系的根本性倒转。这一倒转实际上可以看作一个随现代性的展开而演变的地道的世俗化过程，其特征就是成人世界神圣权威性的摆脱与消解。它以父亲的权威性退去神圣色彩为起点。其在当代教育生活中的表征，就是师生之间或教育者与受教育者间的民主平等关系理念的显现与张扬。

但是在教育中，我们能够实现在成年社会中所表现出来的那种平等吗？自然的以及社会的差异所带来的是成人和学生之间的不平等。正如雷诺分析的那样，“在教育关系中，有一点是清楚的，那就是平等化的过程并不能以在人际关系和夫妇关系中或是在一个大规模的社会中得到实现的相同方式得以实现。……在成人和孩子之间的关系上，过去没有将来也很难有什么类似的措施可以施行”。这意味着，教育中所确定的教育者与学生的平等，总要受到自然的不平等的深刻影响与制约。我们在家庭和学校这两个领域中，处于一种自然的被区分成等级的状态。不管是在学校或是在家庭，正是一种非对称的关系使权威与传授得以成立，而没有一种教育不带有这种不对称的等级关系。正是这种自然的被区分为等级状态，使得教育中的平等关系不像其他的社会关系那样容易实现。除此之外，因现实的教育生活中的平等关系而带来其自身的局限性或紧张关系，也使得人们不断地反思平等关系本身的合理性。教育中的平等趋势仍然在继续前进。尽管我们无法阻挡这种平等化的前进步伐，但是反思平等化的内在局限，却是我们应尽之职责；指出不可避免的问题，是教育理论的内在要求。

二、权利观念与教育强制

一旦学生在精神和权利两个方面都得到解放，那么它所带来的对传统的教育观念的冲击是巨大的，以至于它在很长的一段时间内都难以为人们所接受。其实单纯的权利观念的兴起，还不足以引起教育实践的困惑与危机；只有当权利观念不断地扩张，由特殊的群体扩张到普通的群体，再扩张到学生群体的时候，权利观念所引起的教育问题，才会呈现出来，并引起人们的关注与思考。这里所谓的“权利观念所引起的教育问题”包含两个方面的含义。其一是，权利观念向学生扩张，这种扩张本身作为问题而被提了出来，即学生作为人所应当享有人之作为人而享有的权利是否合理或可欲？这个问题属于政治哲学或者伦理学所要思考和探讨的问题，而且历史的发展证明，不管合理与否，它都正在或已经成为现实；其二是，一旦学生拥有这样的权利，那么本于强制的教育，如何能够与学生的权利与自由不发生冲突？这是权利观念向学生扩张后所引发的教育强制的危机问题。

教育强制之正当性在古典作家那里，是思考教育问题的基础，并不需要予以充分的证明。柏拉图指出，“要给孩子们指派各个科目的教练和指挥员，……教育对于每个学生都是强制性的，原因在于学生是国家的财富”。当柏拉图主张“教育……都是强制性的”时，这里丝毫没有对教育强制性的正当性进行辩护，而是把它当作一个立论的基本前提。柏拉图的“洞穴之喻”则更是明确无误地昭示了教育的强制性以及它的不证自明的正当性。在柏拉图看来，只有造就哲学家的教育（“受过教育的人”）才是真正的教育或完整意义上的教育。但即使在这种完善形态的教育中，教育也是一个强制性的过程。柏拉图用以描述“洞穴之喻”的语词如“被解除桎梏”“被迫站”“被迫看”“硬拉”“被强迫着走”等，所表明的恰恰是教育的强制过程。没有这样的强制过程，真正的人或哲人是不能够见到光明的，也无法真正把握理念的世界和本真的存在。教育的强制过程对于受教育者来说是一个痛苦的过程。因教育强制而带来的痛苦，使得柏拉图格外关注教育的展开过程。对此，海德格尔指出，“无论肉眼如何缓慢而持续地改变习惯，对光亮或是对黑暗，心灵都必须以忍耐的态度、以切合实际的步骤，去适应它所遭受到的存在者领域”。教育的强制性本质，就在于它使人的灵魂发生转向，即“从首先照面事物的区域到存在者显现于其中的另一个领域的适应性移置”。教育过程就是一个强制性的且又以引导的方式来实现其强制性的过程。

与柏拉图不同，在亚里士多德看来，教育强制的正当性植根于成人与学生之间不可动摇的政治性的统治关系之中。必须要认识到，亚里士多德所要培养的“自由人”的内涵，是参与城邦政治生活和服务于城邦秩序的公民。一个自由的人，就是获得公民资格而参与城邦治理的人。亚里士多德指出，“自然本性已经做出了这一选择，它使得同一种属的人中较为年轻，而另一些较为年长，从而让其中一些人适合于被统治而另一些适合于统治。……因此对公民的教育也必须随之相同或不同。……想学习做一名好主人的人应先学习服从”。从这些论述中我们大体可以看出，亚里士多德的教育关系实际上是城邦的政治关系，是城邦总体政治关系在代际的表现。参与教育也就是参与未来城邦的政治生活，只是这种参与是成人的政治生活的预演和准备。学生必须学习种种必需的和实用的事务。为此，从城邦的目的出发，“在教育方面应有立法规定，并且教育应该是城邦共同责任”。在古罗马，法律将公民分为两个等级：父亲和儿子。父亲在法律上是独立自主的，儿子则依附于父亲。家庭就是一个王朝，它的权威具有至高无上的力量。这种力量对于学生来说令人生畏。父亲“有权拒绝接受一个新生儿，可以结束他的生命或将他遗弃；他可以卖掉孩子，可以将他抵押给别人，或者让别人收养”。因此，在古典时期，教育的强制似乎就不是一个问题。没有近代意义上的自由概念，就不存在教育强制危机的问题。

黑格尔对教育强制的正当性辩护从反面说明了近代以来教育强制所面临的困境。因为如果不存在因权利观念而带来的教育强制的危机问题，也就不需要对教育强制的正当性加以辩护。总体上看，黑格尔在处理教育中的强制与自由关系时更强调教育强制的一面。黑格尔的教育强制概念预设了一种体现普遍意志的教育理念。因为教育本身代表着普遍意志，故而当学生的表现与教育所要实现的普遍意志不相符合时，对学生的非普遍意志的遏制就是一种逻辑上的必然了。黑格尔认为，学生对成人强制性管理的顺从是必要的，“教育的一个主要环节是纪律，它的含义就在于破除子女的自我意志，以清除纯粹感性的和本性的东西。不能以为这里单靠善就够了，其实直接意志正是根据直接的恣性任意，而不是根据理由和观念行动的。如果对子女提出理由，那就等于听凭他们决定是否要接受这些理由，这样一来，一切都是以他们的偏好为依据了。由于父母构成普遍的和本质的东西，所以子女需要服从父母”。又说，“惩罚的目的不是公正本身，而是带有主观的、道德的性质，就是说，对还在受本性迷乱的自由予以警戒，并把普遍物陶铸到他们的意识和意志中去”。教育的目的，就是“使子女超脱原来所处的自然直接性，而拥有独立性和自由的人格，从而达到脱离家庭的自然统一体的能力”。黑格尔对于教育强调强制和纪律与其对意志自由的分析密切相关。黑格尔的自由观念是意志自由的观念。自由应当是主观自由与客观自由的统一。所谓主观自由就是个体的自我意识，所追求的是特殊的目标；而客观自由则是“实体的普遍意志”，这种“实体的普遍意志”就是法。所以黑格尔又说，“法就是作为理念的自由”。个体只有将自己的特殊性包含在普遍性的法则之中，才能够说“人是自由的”。只有个人满足于承认普遍的东西为法则，我们才能够说人达到了自由的最高境界，即“具体的自由”。最低层次的自由是抽象自由，即“绝对的抽象可能性”，说人是自由的，就是说人有无限的可能性和绝对的可能性；第二层次的自由是任性或任意。人在无限多的可能性中做出某种选择，这种选择是自愿做出的。任意的自由执着于某个对象，但是这个对象必须是个人自愿选择的，而非出于外在的偶然性或强迫性；第三层次的自由即“具体的自由”，是最高境界的自由。它是指个体选择了对象，但是该对象并不构成对个体的束缚。因为这种选择是普遍性与特殊性的统一。个体在对象中体现出自己，没有使自己置身于对象之外，却又使自己仍处于本身之中。因此，教育强制的正当性就在于使学生服务“实体的普遍意志”，亦即服务于现代市民社会的秩序关系和现代国家的法律秩序关系。相反，如果允许学生任性而为……那么在学生身上，特别是在其所任性的方面，就会出现令人惋惜的败坏。……不久，学生形成了任性和恶。这种任性必须通过管教来压制，以扑灭这种恶的种子”。

从学生权利观念来看，教育强制危机问题从根本上讲也就是教育强制与学生自由的可能冲突问题。这种冲突既表现为教育强制与学生当下免除干预或强制的消极自由的冲突，也表现为教育强制与教育所要培养的自由人的目的的冲突。当洛克将对学生的管教方法区分为“严厉管教”与“温和管教”，其目的在于“使学生保持轻松、活泼和自由，同时又可以让他们克制对很多事情的妄想，使他们远离那些令人不快的事情”时，洛克已然直觉地认识到在实施教育强制的同时也给予学生自由的内在困境。而当康德将此问题以明确的形式提出时，一种为洛克所直觉地认识到的问题已经被提升到理性意识的层面。那么将这一问题置于权利观念的语境下，我们该作如何理解呢？

要理解和思考权利语境下的教育强制与自由的可能冲突问题（康德问题），就必须理解该问题本身所可能包含的前提。就康德问题而言，第一，教育强制是作为合理的实践因素而存在的。教育强制的实践合理性实际上已经包含这样的观念，即强制对于教育来说是不可或缺的构成因素，对于学生个体的发展来说是必要的。因此，或可这样说，没有强制也就没有教育。强制与教育同时存在。第二，康德问题中的教育强制已经不是古典意义上的教育强制，而包含着现代的因素。这其中一个重要的方面，就是教育强制在某种程度上的退却，即承认在教育中学生以其作为人的存在而获得的自由。因此，教育强制是承认学生自由的前提下的教育强制。第三，教育强制必须且也应该能够过渡到学生的自由。个体的自由是教育所要追求的目标，因而自由对于每一个人来说都是好的。同时，教育强制对于学生的自由来说是不可缺少的。教育强制对于学生的意义和价值，就在于创造学生自由所需要的条件，认识到消极的自由概念所包含的约束条件，以及积极自由概念所要求的内在障碍的消除。

如果说政治哲学所要探讨的自由本质，是一个与国家的制度设计和安排密切相关的问题，同时所有的教育思想家在讨论教育自由时都已经处在一种无须去辩护的与其教育自由的含义相一致的自由背景之中，那么在一个完全不同的制度环境下，对学生权利与自由的主张就必然面临“教育强制”正当性或合理性的问题。为着教育强制的正当性与合理性而简单地否定学生的教育自由是不够的。只有将教育放在更大的社会背景之中，放在确定无疑的政治哲学的理论体系之中，教育强制的问题才能够得到清楚的阐述。费希特说，“新的教育则必定能够按照规则，确实可靠和毫无差错地规定学子的现实生活的发展”。教育就是“培养学子们去过一种经过深思熟虑的、确实可靠的纯粹的伦理生活”。费希特反对学生的教育自由的理据，就在于他是从“纯粹的伦理生活”出发，并且是立足于他所处的当时的德国的社会环境。实际上，不管用何种范畴来表达，是用费希特的“纯粹的伦理生活”，或是用康德的“自我规定的法”，或是用卢梭的“公意”，还是用黑格尔的“普遍意见”，关键是他们都预设了一种理想的状态，一种被人所欲求的理想状态。只有进入这一理想的状态中，一个人才能够真正地获得自由。对于学生来说，由于其自身的局限性，要进入这样一种理想的状态之中，必须借助于教育者的引导与帮助，而且在这种引导和帮助的过程中，又必须服从于教育者的意志或命令。而这正是教育强制获得辩护的根本所在。人的自由表明他在实践中的理性的存在。而如何使人变得有理性，或者说如何使人成为自由的人，就是教育的根本任务。

三、区分不同性质的教育强制

近代权利语境下的教育思想家，或是站在普遍的立场上对教育强制持赞成态度，或是站在学生权利的立场而对教育强制持保留态度，或是站在中间的立场而对教育强制持有限度的赞成态度。造成这种思想领域境况的根本原因在于，人们对“教育强制”作为概念的意义所做出的理解。应当注意的是，无论是康德、黑格尔还是费希特，他们在主张教育强制时都是在规范的意义上来使用“强制”这一概念的，亦是在合乎伦理要求的意义上来强调教育强制的合理性的。但是，尽管如此，黑格尔和康德都对强制做出了区分，以表明这样的一种立场，即强制是需要在性质上加以区分的。在黑格尔的自由理论中，强制被区分为“第一种强制”和“第二种强制”。第一种强制是“由于不为约定给付而违反契约，或者由于作为或不作为而违反家庭和国家机关的法定义务”而实施的强制，它是抵抗暴力以维护个体自由作为外在的行为而出现的。第二种强制是“作为扬弃第一种强制”而出现的，目的是防止第一种强制的出现。第二种强制“不仅是附条件的合法的，而且是必然的”。教育上的强制就是第二种强制。在黑格尔看来，“纯粹自然的意志本身是对抗自在地存在的自由的理念的一种暴力，为了保护这种自由的理念，就必须反对这种未开化的意志，并克制它”。而教育就是对这种未开化的意志的强制。但是黑格尔并没有到此为止。当黑格尔说，“罗马时代，子女处于奴隶地位，这是罗马立法的一大污点”时，我们已经明显地感觉到在黑格尔的体系中学生作为人的观念。只是学生作为人而存在的观念，因受制于“父母（即教育者）构成普遍的和本质的东西”，而使得教育强制成为无条件的东西，从而要求学生无条件地服从父母，即服从那普遍的和本质的精神。

在康德那里，教育强制构成教育实践的合理性因素。这一点与黑格尔并无二致。自由意味着服从自我规定的法，即出于对法本身的普遍性（或公正性）的纯粹尊重而服从一个自我规定的法。“自我规定的法”需要理性的充分发展为条件。没有理性的充分发展，人便不能把握普遍性或公正性。理性的自由在于它不受自然事物的影响和制约。正是在无条件理性的领域，人才能不受制于一切外在的东西，不受制于所做、所为或所获得的任何对象，因而人才能是自由的。恰恰因为自由是与理性紧密地结合在一起，所以，人成为自由的首要条件便是通过教育而使人获得理性。关于这一点，康德做了详细的论述。他指出，“动物通过其本能已经是其全部，一个外在的理性已经把一切都为它安排好了。人却要运用自己的理性。他没有本能，而必须自己给自己的行为制订计划。但因为他不是一生下来就能这样做，而是生蛮地来到这个世界，所以就必须由别人来为他做这件事”。人怎样才能拥有自由的理性呢？在康德的论述中，学生显然不具有自由行动的理性。为此，需要成年人替他来制订行为计划，在这样的一个过程中，学生逐渐学会自己制订自己的行为计划。这样一个过程实际上是理性获得的过程，也就是教育的展开过程。教育所要做的事情，就是“让自然禀赋均衡地发展出来，让人性从胚胎状态展开，使人达到其本质规定”。人的本质规定，就是人的自由的理性。要达到人的本质的规定，教育就需要强制。对于康德来说，强制是教育的不可缺少的手段。教育的强制目的在于，使学生获得自由的理性。但是，康德关于教育强制立场的一个重大的转变，就是对教育强制做出类型和性质上的区分。从类型上看，教育强制被区分为两种。一种是机械性的强制，即“习得谦恭和一种被动的服从”，另一种是道德性强制，即“学会在法则下运用思考能力和他的自由”。这里所谓的“强制”，是相对学生的理性状态而言。对于理性完满的成年人来说，这种“服从”和“思考”并不是一种强制，因为在这里，成年人只是在服从自我规定的法。由于“自我规定的法”是人的理性对普遍性和公正性的把握，因而每一个理性健全的人都不会感觉到强制，而只是自律与自由。但是对于学生则不然。因为他的理性尚不足以使他认识到“自我规定的法”所包含的普遍性和公正性，所以他才会感觉到强制。而一旦通过教育使学生的理性得到完满的发展，那么“自我规定的法”与人的理性就会实现统一。这是一个持续较长时间的过程，一直到“自然所规定的人能够自己管理自己的时候”或“学会自我教育”的时候。在这样的一段时间内，学生“必须做那些规定给他的事情”，或者“必须去做别人所意求的事情”。面对自己所提出的教育与自由的困境问题，康德提出了一个原则性的建议，即“我应该让学生习惯于忍受对其自由所施加的强制，并应同时指导他去良好地运用其自由”。

而从性质上看，康德意义上的教育强制被区分为来自教师施加的强制与来自自由施加的“强制”。这种对强制的划分实际上是把在教育过程中教育者所可能施加的任意的强制与合乎理性的强制区分开来，以解决教育强制与自由的内在矛盾与紧张关系问题。在这种主张中，人们已经能够看到一种受限制的教育强制的观念了。例如，康德特别强调，“在任何事情上都必须有某些严格遵循的计划和法则。因此，人们应该给他规定睡觉、工作和娱乐的时间”，但是康德同时也指出，“对于不太重要的事情，则又可以让学生自己做选择”。又说，“只要他没有妨碍别人的自由，就在各方面给他以自由”。之所以持有这样的观念，根本之处在于康德认为，“学生作为人，就同时具有原生的天赋权利。……父母不能把他们的子女看成他们自己的制造物，因为不能这样看待一个享有自由权利的生命”。在这些论述中可以看出权利观念对于学生的意义以及它对教育强制所可能带来的影响。享有自由权利的学生之所以还要服从父母的管教与训练，根源在于“子女本人尚无恰当地运用他的肌体和心智的能力”。尽管权利是一个含义充满分歧的概念，但是康德则是将“权利”概念明确地指向人的行为而用它来表明一个人对另外一个人的外在和实践的关系，即一个人的自由行为与别人的行为自由的关系，其普遍原则是一个人的自由与其他人的自由的并存。因此，任何方式的强制或强迫本身就是自由的妨碍。“所有权利都伴随着一种不言而喻的资格或权限，对实际上可能侵犯权利的任何人施加强制”。因此自由也可以说是普遍的相互强制。一种有限的教育强制恰与古代教育的无限制的强制观念形成鲜明的对比。但是在我们看到这其中的差异的同时，也应该看到西方教育中一脉相承的传统，那就是在教育过程中特别强调苏格拉底的教学法。所以康德指出，“对理性的教化必须以苏格拉底的方式进行，……通过长者的帮助，把他们自己理性中本来就有的一些东西引生出来”。

但是，就站在学生权利与自由的立场上来反对教育强制的思想家而言，人们对于教育强制的理解，通常并不是在规范的意义上，而是在描述的意义上来使用“强制”这一概念的。对于后者来说，强制总是作为与自由的对立概念而出现的。这一点在哈耶克关于“强制”的阐述中得到了清楚的体现。哈耶克在阐述“自由”的含义时，以“强制”来定义自由的反面。但是关于“强制”，哈耶克区分了两种不同的“强制”，即迫于自然力的或物理环境对人的影响力的“强制”（compel）和作为人对人的影响的强制（coercion）。前者是指因环境或情势所迫而做某些事情；后者则是受人或机构的驱使而做某些事情。那么在什么情况下我们才能够说一个人对另一个人实施了强制呢？哈耶克认为，“当一个人被迫采取行动以服务于另一个人的意志，亦即实现他人的目的而不是自己的目的时，便构成强制”。对于哈耶克来说，强制被称作“强制”，要满足两个要件，一是要有施加损害的威胁；二是要有通过这种威胁使他人按强制者的意志采取某种特定行动的意图。

这样一来，教育“强制”就可以参照哈耶克关于与自由相对立的强制的定义，而区分为正当的教育强制与不正当的教育强制。正当的教育强制是指哈耶克所说的构成“强制”的两个要件在教育中并不存在。第一，任何教育者在教育过程中对学生所施加的强制，在通常的意义上并不是要损害学生。教育自它成立之日起，就是要使一个单纯的生理性存在的个体，融入社会之中。因此，任何教育从其教育者的主观意图来看，绝不意味着要去损害学生。即使是在极端的情况下可能会出现损害学生的情况，那这种损害也并不是目的意义上的损害，而仅仅是客观后果上的损害。换言之，损害是因手段而实际发生，而从目的的意义上思考，则恰恰表明了一种为学生的“好”。第二，尽管在教育中教育者的意志往往会成为学生的行动的意图，但是这里仍然不是基于威胁而产生的，而是一种自学生进入教育机构后就已经承诺接受教育者的意志，并承诺同意将教育者的意志转化为学生行动的意图。因此，显而易见的是，历史上的教育思想家如康德并不是在哈耶克的意义上来使用“强制”这一概念的。而与此相对，则是非正当的教育强制，其目的并不在于实现学生的自我发展，而是服务于某些或一部分人的利益诉求，且在教育过程中使用威胁性的手段来保证目的的实现。如果消除哈耶克构成强制的两个要件中的第一个要件，即“损害”作为强制的结果而呈现，那么是否仍然存在强制的问题呢？仔细分析哈耶克的论述我们可以发现，“施加有损害的威胁”或“要有施加损害的威胁”，表明这样的一种思想，即威胁他人按某人意志行动，这才是强制的真正意义所在。而且任何威胁，如果没有必要的损害做后盾，则威胁仅仅是一种威胁而已，而不会产生任何的效果，也不会有任何的被威胁者的符合强制者意志的行动。那么教育有没有这样的威胁呢？对这个问题的回答是肯定的。无论是从强制性的义务教育来看，还是从教育过程来看，教育过程中总是存在着这样或那样的威胁。

第二节　教育与自由之间的冲突

自古以来教育所秉持的一个信念是人的可塑性与人的无限可完善性。人的可塑性与人的可完善性都意味着，人拒绝自身的不完善及对通过塑造而使人走向完善的期待。教育恰恰是实现这一期待的手段之一，也是人类社会实现这一期待的制度安排。人生来是不完善的。卢梭指出，“我们生来是软弱的，所以我们需要力量；我们生来是一无所有的，所以需要帮助；我们生来是愚昧的，所以需要判断的能力。我们在出生时所没有的东西以及长大后所需要的东西，全都由教育赐予我们”。如果说现阶段的人是不完善的，那么人的可完善性就是一个历史的过程。康德说，“人只有通过教育才能成为人”。但是对于人的完善，教育又在多大的程度上能够有所作为呢？当完善成为人自身的一个终极目的时，自由在其中又发生着怎样的作用呢？而当人们选择教育作为完善自身的基本手段，同时又在教育中引入自由的概念时，它会带来怎样的结果呢？为了某种追求，人们不断地引进新的概念，而当新的概念出现之后，则又会出现更多的、有待于人们从理智上加以思考和解决的问题。自由对于教育的渗透，也同样是这样的。

当现代人把自由作为“强制”的对立面来看时，教育自由则被拖进了它自身的旋涡之中。而自由则是依据自己的知识所确定的手段而追求自己的目标，他人不能对其间的情境加以安排，亦不能迫使行动者按他们所规定的选择行事。秉持消极意义上的自由概念并将其运用到教育中来，则意味着学生确立受教育目标上的自主性、受教育情境安排的自主性以及排除教育者的教育计划与规定的选择性。这样一来，所要取消的就不仅仅是强制的问题，还有取消教育的问题。如果在所有的方面，将受教育者置于与成年人完全相同的位置，学生也就具有了与成年人完全相同的选择可能性；那么结果只会让人类社会退回到人类初期野蛮的自然状态之中。反过来，如果执着于教育即强制的观念，则显然它又与社会所倡导的有关学生权利以及与此密切相关的自由相冲突。教育与自由的紧张实际上是教育与消极的自由概念之间的紧张。那么这种紧张是如何发生的呢？

一、代际关系、教育与自由

教育与自由的紧张关系，首先涉及的是由学生的理智不成熟与成年人作为理智的成熟者所引发的总体的代际政治关系。代际的政治关系表现为学生对成年人的服从关系。从目的论出发，则成年人对学生的管理与教育，是使学生能够进入社会的总体秩序之中，并不因个体的任意行为而使社会的总体秩序发生混乱。对于柏拉图来说，教育作为“一种灵魂转向的技艺”，意味着教育者把学生的灵魂融入那个在它成长的每一阶段都最适于它发展的环境；国家的职能在于教育它的公民要遵守法律；教育的存在是为了指引它的公民进入国家的精神生活；教育是达到社会正义和真理本身的途径。这样教育就不单单是教育活动，它同时也是成年人引导学生共同参与政治的活动。亚里士多德则是通过对教育的严格界定而使得这种代际的政治紧张关系得以缓解。德国教育学者本纳就认为，在亚里士多德那里，教育就是“在伦理上有根据的统治者控制被统治者的政治，即通过习惯的养成来引导成长着的自由公民进入约束所有人的活动的目的秩序之中，并通过这种方式确保城邦在新老交替中的保持”。这样，在城邦的政治实践中，统治者与被统治者是相互的。近代哲人卢梭的观点表面上似乎颠覆了这一立场，但其实质在于强调在引导学生进入成年社会时，应该基于学生的本性而排除盲目的强制。卢梭指出，“在万物的秩序中，人类有它的地位；在人生的秩序中童年有它的地位，即应当把成人看作成人，把孩子看作孩子”。尽管提出上述主张的意图在于指导人们按照学生的天性来进行教育工作，但是“万物秩序”“人生秩序”这类概念所能给予的启示在于，每一个个体都有必须整合到社会的整体秩序之中的必要性。

应当指出的是，教育的自由要求乃至有关平等的要求的意义，只有从政治的角度而不是从自然的角度来看才能够理解。古希腊人对于教育中对学生的强制并不感到惊讶，他们认为教育是政治的重要组成部分。政治本就涉及统治与被统治的问题，所以教育也就本然地涉及强制与服从的问题。近人对教育所提出的自由与平等的要求，其实与政治实践，特别是与政治哲学理论密切相关。随着政治哲学的理论奠基从自然正当到自然权利的转向，人的解放便成为政治实践的核心主题。它首先表现为对奴隶的解放以及对妇女的解放。奴隶与妇女，在古希腊的文献中，如在亚里士多德的《政治学》中通常是并举而与公民或自由民相对应。与此同时，学生亦是与奴隶、妇女置于同样的位置。亚里士多德指出，“有关家务管理，……一是主人对奴隶的管理，……其二是父权的运用，另一个是夫权的运用。我们看到，作为丈夫和父亲，他统治着妻子和子女，虽然这两者都是自由人”。又说，“自由人对奴隶的统治是另外一种，男人对女人的统治又是一种，成人对学生的统治又是一种”。在这些论述中我们大体可以看出，古代城邦制背景下的成人与学生的关系是一种统治与被统治的关系。恰恰在这样一种统治与被统治的关系中，成年人与学生并不因此而有裂痕。更为重要的是，统治与被统治本来就不能相互脱离而存在的。因此，在这种成人与学生的政治关系背景下，人们也就不认为这里会存在什么问题。因为他们本来就是融合在一起的，或者说他们本来就不是处于平等的地位的。但是，当学生获得一种要求被承认的权利和资格时，一种传统意义上的政治关系就为一种新的政治关系所取代，这种新的政治关系，就是对传统的统治与被统治关系的一种摆脱与否定。它仍然是一种政治关系。只是那种非常紧密和非常严格的从属关系日渐为自由的平等关系所取代。

单纯地看成年人与学生的这种自由的平等关系，似乎难以觉察到其中所存在的裂痕。但是如果我们将这种关系置于教育关系中来考察，那么我们就会发现，教育所不可避免的成年人对学生的干预，恰恰因这种新的关系而被消除。由于教育强制所带来的统治与被统治有可能造成各种问题，所以教育总是提倡教育者对学生的爱。我们可以把教育中的“爱”看作建立在人类自然繁殖力的基础之上，就如同人类的自然繁殖需要男女之爱一样，教育作为人类的社会繁殖，同样也需要爱。这种爱，表现为教育者对人类之爱，也表现为教育者对自身之爱。爱是教育者对自身之爱向他者的延伸。教育中的爱作为情感因素，恰恰能够冲淡作为理性因素的强制所带来的厌恶与反感。但是自由与权利成为学生的主张和要求时，教育之爱便因此而显得毫无意义，甚至在一些情形下这种爱反而显得做作与矫情。其结果只能是，教育者在正式的教育中越来越理性地面对学生的权利诉求，越来越小心地警惕着学生的自由与权利所划定的界限而不使自己越过这条界限。

现代观念所确立的教育者与学生的平等关系，会对教育带来怎样的挑战，这是一个需要探讨的问题。以阿伦特的说法，平等即自由，或者也可以说自由即平等。阿伦特指出，“平等是自由的实质：自由意味着从统治权产生的不平等状态下解放出来，并进入一个既不存在统治也不存在被统治的领域”。那么我们该怎样来理解阿伦特的这一命题呢？从我们所引证的论述来看，“统治”或“被统治”是极为重要的概念。所谓“自由”，也就是不存在统治与被统治的状态。如果在一定的社会领域，所有置身于其中的每一个人，都既不是统治者，也不是被统治者，那么从政治关系的角度来看，我们当然可以说每一个人都是平等的。由此来看，因权利观念而带来的自由观念和平等观念，就在一定的范围内并在一定的程度上，解除了教育者传统的统治学生的权力。应当看到，教育是基于学生与成年人之间存在的自然不平等。这种不平等是由生理的、理智的、知识的和经验的等方面的因素决定的。只有当学生成长为成人时，这种自然的不平等才会被上述因素的变化而打破。但是，当学生和成年人一样取得平等的权利时，这意味着一种自然的不平等在人为的背景下被提前打破。在教育过程中，当学生拥有一定的自由时，或者当人们不断地提倡教育过程中的自由时，从正面看，它给予了学生平等的成员资格；但是从负面看，这种承认意味着人们承认学生拥有一个教育者不得介入的私人领域，也同时承认了教育者对学生的不干预的合理性和合法性。随之而来的，则是造成学生之间的巨大的不平等，并且人们对此尚无任何理由予以反对。由成年人和学生的平等演变成学生之间的不平等，这大概是倡导教育自由的理论所始料不及的。更大的问题则在于，教育的同化模式，使得教育自由的社会剥夺了学生的自尊，而只是给予学生一种肤浅的自我满足和一个根本虚无的成人社会的成员资格。

当学生取得与成人一样的平等权利时，教育就必然会面临着如何应对学生对教育者的教化的不接受问题。尽管以施特劳斯的观点，教育者应该肩负起政治责任，必须慎重地考虑自己的教化言说，引导学生从最初观点入手，引导他们走向真理，而且不能使他们产生反感，在理智的领域，近代以来这个任务归属于教育学。但问题是，如果学生的这种反感实际产生了，那么面临学生的自由要求和不得干预的界限，教育者又该如何面对这样的尴尬的境况呢？放弃，那是教育者所肩负的教育失责；干预，则又可能面对社会或大众可能会出现的指责。而教育恰恰是教育者有权力通过强制和权威性的规劝来实行一种由政治体制所确立的生活方式。如果没有这样一种权力和权威性，教育就会因此而荡然无存或者变得无效。这样，学生的成长就会由体现在个体身上的人的自然本性而自发地进行。而假如允许学生有一个私人领域在某种程度上凌驾于教育范畴之上，那么我们怎样才能保证它不对学生的成长和发展产生消极的或妨碍性的影响呢？

教育的自由与平等的要求，并非是由学生提出的，而是由成人所倡导并阐发的。它假定学生与成人具有同样的理性能力和自制能力。亚里士多德指出，“学生尚不成熟，所以，他的德性显然不只是与他自己有关，而且和成年人以及他的导师有关”。他又指出，“对学生和妇女的教育必须着眼于政体，……因为孩子们长大成人后便是城邦的公民，而妇女则占据城邦自由人口的多数”。这里重要的不在于考虑教育的着眼点和教育的依据问题，而在于这样的一种远虑，即教育是为了学生成年后服从于城邦的需要。教育不是为了现在和当下，而是为了将来和长远。尽管这种观念后来为卢梭和杜威所批判，并且这种批判也不无道理；但无论批判的理由是什么，立足于成人而教育学生，是一个基本的观念。学生因其体力较弱和理智不成熟，而不得不依赖于成人或父母。但他不能总是依赖于他人。他必须自立，并且如康德所说，要学会自己照料自己。依据社会发展的需要来培养学生，并因此而认为教育是为了学生未来的生活，其理由固然不足；教育是需要有长远考虑的。教育不能仅仅关注当下——无论是学生的当下还是社会的当下。隐含在教育强制下的统治与被统治关系，或者说是成人与学生的关系，可以说恰恰是从长远出发来考虑教育的结果的。

教育自由的要求意味着人们对教育提出了对教育领域的部分封闭的要求，意味着学生发展的一部分交给了自然的过程。完全封闭教育下的学生，意味着面对教育者的完全展现，或者反过来说，恰恰是学生的这种完全展现，表明教育自由的不存在。当自由作为教育价值而被人们所接受时，这种对“完全展现”的要求就呈现出不合法性，因为学生有权利在教育过程中，将自己的成长过程封闭起来，成为学生发展中的自足部分。这样，学生的发展就分成两个方面，教育所能够施加影响的方面——施加影响正好表明了教育强制的合法性和不可避免性——和教育所不能干预或不能施加影响的方面。后一个方面正是学生自由的真实存在。学生对教育的部分封闭固然保证了学生作为人的应有权利，但它同时也扩大了学生发展的不确定性。

二、理想、教育与自由

教育与自由的紧张关系不仅表现在教育者与学生之间外部的代际关系上，而且还表现在植根于教育内部的理想与自由的关系上。这种关系用以赛亚·伯林的话说，就是“一与多”的关系教育中的理想与自由的可能冲突，是由教育的逻辑与自由的逻辑的特征所决定的。对于教育来说，无论是什么时代的教育，也无论是何种形式的教育，都预先设定了某种理想的存在。没有这种先于教育活动展开而存在的理想，就不可能有教育的存在。《理想国》中对于教育问题的探讨，是以理想的社会、理想的城邦、理想的人为其先决条件的。不管这些理想是基于什么而推演出来的，但那也只是理想的前提问题，却不是理想作为教育的前提问题。前者是政治哲学所要着力辩护的，后者则是教育实践的出发点和归宿。因此，正如有论者所指出的那样，“现代概念中的理想主义在哲学上追求终极存在，在社会政治中追求理想社会，在个人人格上追求完善品格”。终极存在、理想社会和完善品格，存在、社会和人，三者共生。终极存在演绎出理想社会；由终极存在和理想社会共同演绎出完善品格。完善品格既是理想社会的条件，也是理想社会的表现。理论上设定的理想社会与完善品格也不仅仅是存在于理念中的。在实践论意义上，完善品格一直是教育所追求的目标。而教育，无论是从理论的视角来看，还是从实践的视角来看，都具有理想主义的品格和特征。

理想的本质是完善性。人们在理想中倾注了自己对完善性的寄托。人们在生活中，无论追求什么样的理想，在他们的心目中，理想就是最好的终极目标。但是，人们在理想中看到的只是自己所理解的完善性。每个人都有理想。……各人从自己的理想出发是无法理解对方的理想的。或者说，对方的理想在此方的立场上是不完善的。教育中理想却不是这样，它应该不是每个人心目中的理想，而是结合成社会的所有人的普遍理想。尽管每个人可以拥有自己的教育理想，但在教育实践中却要求所有参与教育活动的人，以普遍的教育理想为自己的教育理想。理想的核心是理想的人的存在。尽管这种理想的人的设定，是以人之本性及理想的社会要求而做出的。但是作为一种完善性的存在，这种理想的人在接受教育之前就已经存在，至少在教育的理念中它是完善的。对此，人们不会有怀疑或争辩。它存在于教育者的头脑之中。这与艺术家的创作似乎不大一样。艺术家在创作作品之前，这种作品是不存在的，甚至艺术家的作品意象也是不存在的。艺术家作品的创作服从于内在冲动，这种冲动的结果便是艺术家理想的实现。同样，教育者的理想有点类似于艺术家的理想。不同之处在于，教育理想的实现是一个生成的过程。现实中不会存在完全同教育理想相一致的人。教育所要实现的人的完善性永远只能是一种普遍的和主观的想象。

教育所要实现的理想，并非是单个个体的理想，但包含着个人的追求与志向。或者说，教育所要实现的理想乃是特定社会的普遍理想——一种只要是理性人都会去追求的个体存在状态和生活方式。对于教育所要实现的理想来说，存在着一条正确的生活道路；智者自发地趋向于它，而愚者必须借助智者掌握的所有社会手段才能被引向正确的生活道路。或者说，在某个地方，在过去或未来，在神启或某个思想家的心中，在历史或科学的宣言中，存在着最终的解决之道；或者说所有的价值以某种方式共处是可能的，宇宙是一个和谐的整体观念，价值的冲突都可以通过这样的方式而给予解决，即从原则上可能发现一个公式，借此人的多样性的目的就会得到和谐的实现。上述基本的信念恰恰构成了教育的基础。教育是使学生走向一条正确的生活道路，或者使学生形成一种宇宙整体和谐的观念。因为有一种完满生活的概念，因此，我们强迫学生接受教育。我们之所以要强迫学生，是因为学生的理性尚不足以认识理想，也不能够使各种冲突的价值处于整体和谐之中。教育总是以某种理想为其出发点，这样的理想可以称之为教育理想，即教育所欲追求的完善性。完善包括人的品格的完善和社会的完善两个方面。完善的品格意味着某种完善的生活方式，以及由完善的生活方式编织而成的完善社会。当教育面对现实生活中不完善的个体而欲通过其教育行动来实现这种完善性时，或者当学生接受教育而期望在自己的身上实现这种完善性时，这便意味着教育要将预设的完善强加于每一个受教育者个体，同时也意味着学生作为受教育者同意这种来自教育的强加。

但是对于自由主义者来说，存在一条正确的生活道路是不可能的，每一个个体都拥有他自己的完善人的理念。因为在每个人的心中，都会存在他认为的正确的生活道路。在各种绝对的要求之间做出选择，是人类状况的一个无法逃脱的特征。人类的目标是多样性的，而且它们相互间往往处于永久的敌对状态。结果是，人不得不在各种终极的价值中进行选择。这样一来，教育赖以存在的基础也就同时被动摇了。所以罗尔斯不得不承认，在其政治自由主义的理论架构中存在着令人困惑的教育问题，即有关学生的教育和国家所能够施加要求的问题，于是教育就只能从实质性的“理想实现”“人格完善”或“正确的生活道路”中退却出来，走向对单纯的形式意义上的理性的培养，走向价值澄清，或者走向道德判断能力的培养。面对理想的冲突或者价值观的对立与冲突，教育就必须从传统的教育中走出来，走向现代意义上的教育，走向教育的现代性。

理想与自由的冲突，并非是学生个体理想与学生自由的冲突，而是教育理想与学生自由的冲突。就其最高意义来看，教育理想是具有普遍意义的理想，一种超越了所有个体性存在特征的理想或完满性。学生也有自己的完善性目标和追求。但是学生的智力发展水平以及他们对自我及社会的理解能力，决定了学生所具有的完善性是一种虚幻的完善性。与此相对应，学校教育所确立的完善性则是真实的完善性。虽然学校教育所持有的和理解的完善性，也只是诸完善性的一种，故而当它在面对对立的完善性时，其完善性的欠缺将完全暴露，特别是当人们对教育发生理念与观念之争时；但是在一个共同体内，一种教育已确立的完善性，可以认为是一种得到公共认同的完善性。

三、善、教育与自由

教育与自由之间面临的另一种可能的冲突是善与权利的关系问题，亦即教育应当如何对待学生的权利与社会所欲的善的问题。在传统的教育中，我们可以看到，善乃是首要性存在。即便如近代权利观念的兴起，善仍然具有对权利的优先性。的确，在各种传统的教育文献中，我们都能够看到教育旨在实现善的根本宗旨。但是当权利观念进入教育之中，并成为保障学生发展或不受伤害的“防洪墙”时，权利与善的关系问题便突显出来。

权利和善的关系问题，实质上是正当与好的关系问题，或者说是自我与目的的关系。关于权利与善的关系，至少存有两种不同的主张。一种主张认为，权利应从特殊的共同体或传统中人们所共同信奉或广泛分享的那些价值中汲取其道德力量，共同体的价值规定着何为正当（权利），何为不正当（权利），因此，共同体的价值或大多数人的意志应该占压倒地位；或者认为，权利及其证明取决于它们所服务的那些目的的道德价值或内在善。概言之，权利与善是相关的，而不是独立于善的。第二种主张则认为，权利独立于善。在这种主张的倡导者看来，个体权利是如此重要，以至于哪怕是最普遍的福利也不能僭越之。因此，具体规定我们权利的正义原则，并不取决于它们凭借任何特殊善生活观念所获得的证明。前者是社群主义的立场，后者是自由主义的立场。站在社群主义的立场来审视教育与自由的关系，则二者之间并不存在冲突。因为，自由的正当性需要依赖于共同体所普遍认可的善观念而加以证明。但是，站在自由主义的立场来看问题，则教育就不能不面对权利与善的冲突问题。

权利与善或正当与好，孰先孰后，是一个极具争议的问题。对于自由主义者来说，为了保证公民个体的自由，权利必须置于善之先。因为，权利的优先性是人类的本质多样性和构成人类个人完整性的要求。为了普遍的善而牺牲权利就是侵犯了不可侵犯者，就是不尊重人们之间的差异。罗尔斯指出，“权利的优先性意味着，政治的正义原则给各种可允许的生活方式强加了种种限制，因而公民的要求是，任何追求僭越这些限制的行为都是没有价值的”。权利对善的优先性还意味着，自我优先于目的。对于我们的个性来说，最为根本的并非是我们所选择的目的，而是我们选择目的的能力。目的乃是由自我确认。因此，社会首先应当关心正当，而让个体确定何谓好。说一事是应当的，就是说该事是好的，是值得做的；而说一事是正当的，是说对于所有的成员来说，那事是合于正义之理念的。一事是应当的，或者说是值得做的，却不能够肯定地说那是正当的。至少对于自由主义者来说，正当与好是必须要明确分离的。否则，便会造成某种良善观念成为一种压倒性的观念，而强迫他人接受。

所有的价值并不能够用一个尺度来衡量。也正是因为此，个人的选择才显示其重要性。“人有别于动物的首要之处，……在于能选择，人在选择而不是被选择时才成为自己。人是目的的寻求者（而不仅仅是手段），并以他自己的方式追求目的：可想而知，追求的方式越多，人的生活就变得越丰富；个体间相互影响的领域越广，新的和预料之外的机会就越多”。“结果是，人在各种终极价值中进行选择；他们之所以选择是因为他们的生活与思想受到基本的道德范畴与概念的决定，这些范畴与概念，不管其最终的起源是什么，在大部分的时空中，至少是他们的存在与思想、他们自己的认同感的一部分；同时，也是人之为人的要素的一部分”。伯林的这段论述至少讲了三层意思。第一，价值的多元性决定了人在生活中必须要做出选择；第二，每一个人的生活与思想都受到基本的道德范畴与概念的影响；第三，这些道德范畴与概念是人的思想与存在的一部分。我们无法先验地获得这样的保证，即真实价值的整体和谐在某个地方是可以发现的；而在经验领域，真实价值的整体和谐也同样难以观察或得到验证。“我们在日常经验中所遭遇的世界，是一个我们要在同等终极的目的、同等绝对的要求之间做出选择，且某些目的的实现必然无可避免地导致其他目的的牺牲的世界。”自由选择的必然性，或者自由选择作为社会的基本价值，其意义就在于：价值与理想的冲突需要人们做出选择。反之，如果他们能够确信在某个完美的、个人可以实现的状态中，他们所追求的那些目的绝不会相互冲突，那么，选择的必然性与巨大的痛苦就会消失，自由选择的核心重要性也会随之消失。因此，面对自由主义者的价值的内在冲突或不可调和的主张，教育如欲传递某种普适性的价值观念，则无疑是教育者对学生的柔性的或隐蔽的强制，而这种强制所可能带来的危害并不比教育中的任何其他强制方式所可能带来的危害要小。是否存在一种终极的目的，使所有人类其他的目的都可以纳入其价值序列的框架中？如果存在着这样一个终极的目的，那么就会导致下列情况：以目的来证明其行为的合理性。以目的证明手段是国人常见的思维方式。这种思维方式在教育中尤其多见。假如存在多样的目的，那么这些多样的目的又如何得到和谐的实现呢？因为多样的目的意味着不同的目的的实现可能存在着严重的冲突。人的目的的多样性与目的的不相容性是联系在一起的。怎样来解决这个矛盾呢？对于自由主义者来说，唯一的出路就是自由选择。在各种绝对的要求之间做出选择，便构成人类状况的一个无法逃脱的特征。

但是，如果不对学生进行整合社会所必需的某种价值观念，那么学生进入社会之中，又如何能够成为社会的一员而参与到社会的再生产过程中呢？对于这个问题，自由主义者采取从取消实质性内容教育而走向形式的教育策略，即培养学生的价值判断能力，以将过怎样的良善生活交由个体基于理智的判断而做出自我选择。

教育总是意味着某种目的概念。在教育中，善的生活被理解为学生必须顺从于或同化于某种普遍的模式。这种模式是在学生的意愿之前就已经为人们所领会的。当卢梭说人的“可完善性”时，已经预设了某种“完善”的概念，正是这个概念的存在，使得教育获得了永恒的意义和价值。只有获得那自然秩序的善的概念，个体才能够获得真正的自由。因此，对于教育来说，善的概念不是在压迫着学生，而是在解放学生。教育中的善关涉到这样的问题，即对于教育者来说，“学生应当怎样生活”或“学生应该成为怎样的人”。前者涉及良善生活的观念，后者则涉及完善人格的观念。所有的教育，哪怕是在自由主义社会中的教育，莫不包含着这样两个基本的观念。教育学生应当怎样生活，以及教育学生应该成为什么样的人，是教育的出发点和确定教育内容、选择教育方法、教育组织形式的依据。没有良善的生活观念以及没有完善的人格观念，教育便无法展开。

第三节　从教育强制到教育自由的策略

教育与自由的可能冲突，实际上是教育如何在个体与社会之间进行平衡或调和的问题。当教育着眼于满足社会发展的需要时，教育的强制一面就会得到特别强调；而当教育立足于个体自身的发展时，教育自由的一面就会受到人们的特别重视。西方近代以来的教育学，一方面如黑格尔所主张的那样，期望教育通过遏制学生的“自己的意志”和扑灭存在于学生身上的“恶的种子”，来适应市民社会的要求，从而培养自由的公民；另一方面则如康德所主张的那样，在使学生适应市民社会要求的同时，引导学生身上已有的潜质，以培养完善人格。由此，就教育强制如何过渡到自由这个问题时，人们就会存在很大的分歧。但就主张学生权利进而提倡在教育中给予学生以一定自由的教育家而言，主要有以下两种策略选择。

一、洛克的选择：从“严厉管教”到“温和管教”

虽然洛克没有明确提出自由与强制的关系问题，但是通过强制来培养自由的公民，却是其教育理论的核心问题。洛克自由教育思想研究权威塔科夫指出，洛克所要面对的问题包含三个方面的内容。第一，人需要靠理性去认识何谓服从义务，而家长权威却因为幼儿缺乏理性而迫使他服从，这样的服从为什么就是合理的；第二，家长的或教育者的权威一旦建立起来，要怎样运用得宜才能使人对权威的依赖逐步消逝；第三，为什么权威能使自由变得切实可行。这三个问题困扰着洛克，也是洛克在对教育问题的思考中力图要加以解决的。一方面，教育要培养学生的行事理性和克制欲望的脾性，以使学生能够控制自己的性情倾向、抵制当前快乐或痛苦的纠缠，为此需要对学生加以严厉的管教；另一方面，过分严厉的管理和压制，则会使得学生没有朝气，以至精神沮丧、胆小温顺、情绪低迷，而不能成为能干的、勇敢的人。所以洛克宣称，“避免这两方面的危险是一门高深的技艺”，教育的真谛就在于找到一种办法来解决二者之间的矛盾，使得学生通过教育而成为自由的公民。

为解决强制与自由的矛盾关系，洛克将思考的重点放在教育方法上，放在所谓对学生的“管治”或“管治的手段”上。为此，洛克区分了两种管治的方法，一种是“严厉管教”的方法，另一种是“温和管教”的方法。洛克认为，凡是从心里要管住自己的子女的家长，必须从很早的时候就开始，而且应该让他们绝对遵从父母的意志，但是“无论哪一种严厉的方法，最好用在年幼的学生身上。经过适当地运用，产生效果后，就应该放松，改为较温和的管教方式”。这大概就是洛克所说的体现“教育的真谛”的方法，或者说培养理性的人或自由的人的方法。“教育的真谛”不是鞭挞以及其他一切奴役、体罚的惩罚方式，也不是一般用来讨好学生的奖励方式。因为前者可能会彻底打垮学生的心智，使其情绪低迷、沮丧无助；后者则会导致学生对享乐思想的追求，从而无助于使学生克制自己的欲望。一个善良的、聪明的和有德行的人，当他的理性对他提出相反的意见时，当他的责任对他提出其他的要求时，是一个能够学会克制自己对财富、外表、美食等方面的欲望之人。然而这并不意味着洛克不加区别地反对一切奖惩。洛克所反对的是“人们为了控制住自己的子女，以身体的疼痛和快乐作为对子女的惩罚和奖励”的奖惩思想，主张把学生当作“理性的动物”来对待。学生作为理性的动物，不在于满足对欲望的需要，而在于羞耻之心和珍惜名誉。因为，名誉离德行的真正的原则和标准是最近的：名誉是其他人的理性经过一致的同意，给予有德行的、良好的行为的证言和赞许。奖励不应该是对学生身体快乐需要的满足，而在于体现成年人对学生的尊重。被尊重也是快乐的，但那是精神的和心灵的快乐。教育中的奖惩目的，就在于“使尊重或羞耻感更为深入地在学生的心里生根”。

那么究竟应该在怎样的情况下对学生使用奖惩方法呢？或者说在怎样的情况下，我们才可以实施对学生的控制或强制呢？第一，这是一个在教育过程中对学生行为自由的划界问题。以洛克的主张，“如果对学生管教得法，我们所能想象的以及常人通常在实践中所采用的奖惩办法是无须多用的。只要他们懂得尊重其他人，他们一切天真的行为，便尽可以让他们拥有完全的自由，不让他们受到约束，而且应当给予最大限度的方便。如果学生所犯的错误，在他们这个年龄段是常见的，而非出于他们的故意，那么这种过失就应当留待时间和年龄的增长去救治”。什么该管，什么不该管，洛克提出了原则性的建议，即如果学生“尊重其他人”，那么教育者对于学生是可以不用管教的。第二，对学生的教育，最重要的还是要研究学生的天性。只有顺着学生的天性去教育，教育才不会导致对学生的压制、对学生心灵的摧残。“在学生周围的人应该好好地研究学生的天性和爱好，并通过经常的试验去了解他们易于走哪条路，成为什么样的人。观察他们的自然禀赋，看怎样对此进行改进，看他适宜做些什么。……在很多情况下，我们所能做的，或者应该以此为目标的，不过是充分地发挥天性所给予他们的禀赋，阻止这一禀赋最易产生的过失，并促成它所可能发挥的所有好处。”第三，“所有他们应该学习的事情，对他们都不应该是一种负担，或者是强加于他们身上的一种任务”，“即使家长促使他们对一些事物产生了喜爱之情，但如果他们没有心情去做，家长也应该尽量少逼迫他们去做”。洛克相信，只要安排得当，学习任何该学习的事项都是可以当作游戏来进行的；正如游戏可以作为学习之后的消遣一样。第四，洛克认为，有一种情况就必得施以鞭打，即顽梗或者反抗。不过鞭打的目的在于使学生产生羞耻感，而不是疼痛感。无论父母或导师吩咐或禁止学生去做什么事情，都应该确信自己的命令得到遵从，在这种情况下不能有告饶，也不能有反抗的发生。教育学生时应用惩罚方法，一是要视问题的大小，二是要视学生对父母违抗的程度。如果学生犯的错误没有达到必须加以改正的程度，则就用不着鞭笞。但是，如果学生“反复地、故意地不服从父母或教师的管教，已经表现出意志上的故意倔强，即公开地进行违抗，那就不能视而不见了，而必须给予惩罚和控制”。第五，在对学生的教育中，为免除两种倾向所带来的危险，即过分的压制和过度的自由的危险，洛克特别强调说服的教育方法，他认为这是“对付学生的真正的办法”。洛克指出，“我认为没有什么他们应该遵守的德行，也没有什么他们应该避免的过失，是不可以对他们晓之以理的；只不过应该在其年龄和理解的范围内进行讲理，并使用极少、极简单的语言而已”。把学生当作“理性的动物”在“讲理”的要求中得到非常明显的体现。不过洛克在此特别警告说，“当我谈及讲理，我不是指其他，而只是指适合学生理解的讲理”。

如果学生不愿意学习理应学习的东西，那么强制是否就有存在的必要呢？对于这个问题，洛克的回答是颇让人深思的。在洛克看来，学生之所以不愿意学习理应学习的东西，是因为教育方法本身出现了问题，而并非学生出了什么问题。他反问道："为什么拉丁语和希腊语的学习需要借助鞭笞，而法语和意大利语的学习则不需要呢？……这就不禁让人怀疑，语法学校所要求的东西中，或所采取的方法当中是不是有些奇怪、不自然或者与学生的年龄不合的地方？"这意味着，学生不愿意学习只是一种虚假的教育现象，是一个由教育者的不恰当的教育方法所带来的结果，而不是教育者要由此着手来开展教育的出发点。换言之，如果教育者能够采用恰当的教育方法来教育学生，就不可能出现学生不愿意学习的问题。"学生不愿意学习怎么办"是一个假问题。

二、康德的选择：对服从的划分

康德认为，人只有通过教育才能防止人偏离人性而成为人。教育是一门艺术，它的运用必须经过世代才能逐步完善。"教育一方面是把某些东西教给人，另一方面还要使某些东西靠其自身发展出来"。这个命题已然包含了冲突，这种冲突不仅仅是目的方面的，还是实现教育目的的手段方面的。"把某些东西教给人"的外在要求与"靠其自身发展出来"的内在要求，预设了评判教育的两种尺度。这两种尺度在教育中如何得以保持统一和和谐，就成为理论思维必须正视的问题。概言之，教育一方面是强制的，另一方面则是引导的。两者共同的目的是"塑造生活中的自由行动者"。但是，如果教育是强制性的，或者说至少在某些方面它是强制性的，那么自由的行动者又如何得以培养出来呢？

康德的问题是近代社会自由理念兴起以来无法回避的问题。虽然问题之因在社会，但问题的根本则在康德对人性的判断。"人是唯一必须受教育的被造物。我们所理解的教育，指的是保育（养育、维系）、规训（训诫）以及连同塑造在内的教导"。为什么教育要包括保育、规训和教导三个方面的形式？这与康德与人之本性的理解有关。在康德看来，人之成为人，"应该将其人性的全部自然禀赋，通过自己的努力逐步从自身中发挥出来"。但是，人生而无能，且人身上包含着动物性，人性的发挥受到威胁。更何况人性的自然禀赋，也只是以潜能的形式而存在。人性与动物性或野性相对。人性是要让其充分发挥出来，而动物性或野性则需要从人身上去除。因此，"保育意味着父母要采取措施，使孩子不会错误地运用其能力"；规训则是"防止人由于动物性的驱使而偏离其规定：人性"；教导则是"教育的肯定性部分"。在这里，我们看到了教育中的冲突要求：规训是一种强制，"规训将人置于人性的法则之下，并且由此开始让他感受到法则的强制"，而教导则是一种引导，即"要使某些东西靠其自身发展出来"。为了解决自己所提出的有关教育的双重规定的可能的冲突，康德试图从作为学生品格的服从入手。对于康德来说，服从的品格也就是自由的品格。一个自由的行动者，也就是一个具有服从品格且懂得服从什么的个体。

在服从的对象上，康德把学生的服从区分为两种，一是对领导者绝对意志的服从，二是服从领导者那种被承认为理性和善意的意志。前者表现为服从父母或教师，后者则表现为服从普遍的法则。如何使学生习惯于服从？在康德看来，可由两条途径来实现学生对外在于他的意志（绝对意志或理性与善意的意志）的服从。一条途径是强制，即绝对服从；另一条途径是信赖，即自愿服从。强制的服从对于学生是必要的。没有强制的服从，就不会实现对理性或善意意志的服从。因此，强制的服从是培养公民遵守普遍法则的必要条件，但是绝对的服从应当是基于普遍的必然的法则。换言之，当要求学生强制的服从时，这种强制性的服从必须是被置于某种必然的法则之下的。因此，公民个体被称为自由的行动者，就在于他能够服从普遍的必然法则。这种服从虽然是强制，但却是个体自由所必需的强制。没有这样的强制，也就没有个体自由可言。但是，这种服从却不是一时能够实现的。它必须借助于并通过对强制的服从，而渐渐地达到对普遍的必然法则的服从。两者的关系在于，在教育过程中父母或教师的绝对意志，应当是基于普遍的必然法则之上。由此，康德实际上是对学生绝对的服从设定了一个基本的条件。

从教育的过程来看，服从又分为学生的服从和成长中的少年的服从。康德所谓学生的服从在上文已经提出，那就是服从绝对的、普遍的和善良的意志。缺乏服从就是违反禁令，并因此而要受到惩罚。康德主张自然性的惩罚和道德性的惩罚并用，但主要的还是道德性惩罚。自然性惩罚只是道德性惩罚的补充。道德性惩罚并非是体罚，而是“打击学生那种希望被尊敬和喜爱的积极性”。和洛克一样，康德也反对带有愤怒标志的惩罚，因为这会产生不好的效果。它会导致学生把惩罚看作情绪的结果，而不是理性的或普遍法则的结果。成长中的少年的服从则指的是服从于义务的规则。“出于义务而做某事意味着听从理性”，这种区分与康德对教育阶段的划分是一致的。从培养自由的目的出发，康德把教育阶段划分为“习得谦恭和被动服从的阶段”和“学会在法则之下运用思考能力和他的自由”的阶段，从而也把强制区分为“机械性强制”和“道德性强制”两种。但是从服从领导者的绝对意志和被领导者承认为普遍的和善意的意志到服从普遍的义务的规则即听从理性，这中间是如何发生转换的，康德并没有进行讨论。这个问题同样存在于洛克的思考当中。换言之，在康德和洛克的讨论中，一个假定的前提是成年人是自由的个体。对于康德来说它代表着普遍的必然法则，对于洛克来说，它代表着理性。但是如何能够保证在使学生服从普遍意志或理性时，不会产生奴性呢？或者说一方面服从于法律，另一方面又不屈从于某个权威人物（“领导者”）呢？即使如康德所言区分出“学生的服从”和“成长中的少年的服从”，这种过渡是如何发生的，也不是很清楚。在洛克那里，这个问题也同样不是很清楚的。对学生早期的“严厉的管教”，难道不会养成一味服从他人意志的习惯？而当这种服从他人意志的习惯一旦形成，稍微年长后所实施的“温和的管教”就能够改变这种习惯，而使得学生成年后只服从理性的召唤。

第三章　教育与强制视角下教育自由的合理性

近代以来教育自由的发展趋势与人们对自由价值的理解密切相关，也与人们对教育所要培养怎样的人的理解有关。所有这些理解又都植根于我们对社会的本性以及对人的本性的理解之上的。核心的问题则是：我们为什么需要教育自由？没有教育自由，我们会怎样？有了教育自由，我们又会怎样？为此我们需要对这些问题进行深入的探讨，其目的在于，无论是对于社会的发展还是对于个体的发展而言，在一个可能的限度内，教育自由都具有切实的价值和意义；即使与平等和正义等价值相比较，与秩序和责任相比较，自由也同样是教育可欲的目标。

第一节　教育自由的价值诉求与平等、正义

实际上对于所有的人来说都面临着这样的问题，即究竟是什么东西充当了真正的价值尺度？对此问题人们做出了完全不同的回答。例如，对于保守主义者来说，人类社会存在着永恒的、可以为人的理智所把握的价值原则。尽管自由是人类社会的价值，但它却不是最高价值或终极价值。在整个人类社会的价值序列中，它并不是基础性的价值。但是对于自由主义者来说，公共生活中的最高价值是个人自由、多样性和公正。没有充分的多样性，人类幸福的形式就将变得不可知晓。更为重要的是，人之有别于动物，既不在于拥有理性也不在于发明了工具，更不在于由人们相互组合而表现出来的社会性，而在于能选择。换言之，自由是最高价值，舍此便无价值判断的尺度。那么从教育哲学的视域看，自由对于教育的价值或者说它对于学生发展的意义又怎样呢？

一、教育自由有助于学生对真理的追求

人类理智的局限性对教育提出学生自由的要求。人并不是不会犯错误的，人类在追求真理的过程中同样可能会出错。因此，自由的首要价值在于确保真理之

为真理。如果不能够自由，则人类的理智进步就可能会受到非常大的消极影响。从同一性的立场出发，则错误无疑是对同一性的背叛，是不可原谅的越轨举动。然而，如果从人类理性的限度出发，从追求真理的曲折和艰辛来看，则自由就是获致真理的首要条件。对那些追求最佳生活方式达成理性共识的自由主义思想家来说，自由是对人类理解力受局限的一种补救。人的所有的实践活动都具有试验的性质。美国新闻自由委员会指出，“试验就包括试错……犯错误的过程实际上是在寻求真理”，因此对于错误，在消极的意义上就需要那些看出或以为看出他者犯错误的人有一种自由，而在积极的意义上，“则反对任何由权威强加的正确性，尊重自我修正的过程”。错误只有在一种情况下不能原谅，那就是“蓄意或不负责地犯错误”。自由错误，就是自由失败，实际上也就是鼓励对真理的探求。自由失败，不是鼓励拿学生当试验品，不是鼓励学生的不负责任，而是鼓励学生以主人翁的姿态，以认真负责的态度，有目的、有计划、有步骤地投入教育学习，探求新知。自由失败就是给予学生理解，诚心相助，帮助学生总结经验，吸取教训，激励他们鼓足干劲，坚定信念，以新的姿态继续前进。自由失败，就是激励进取，鼓励创新。

然而，这种观点从理论的界分看似乎很清楚，而在教育实践中则对教育者是一个巨大的挑战，其因在于如何对“蓄意或不负责”做出合理的判断。自由对于人类的获致具有如此重要的意义，以至于人们不得不思考学生在教育中的自由对真理获致的价值。学生在教育中的自由之于社会的福祉在于，它为未来真理的显现提供担保。鼓励学生去思考和探索，鼓励学生勇敢地面对这种因自由地思考和探索而带来的失败，恰恰在培养学生勇于探究和求知的品质。这种求索真理的品质对于学生进入成人时期对真理的探究具有基础性的意义。没有思想自由和表达自由就不可能产生对事物认识的真理性。而恰恰是表达自由为“真理的所有方面的公平竞赛”提供了适合的社会环境。意见的统一，除非是对立诸意见经过最充分和最自由的较量的结果，否则就是不可取的；而意见的分歧，在人类还未达到远比今天更能认识真理的一切方面之前，也并非是坏事。统一的意见固然省却了许多的麻烦，却也带来诸多消极的后果。至少它对于创造和创新而言，是极为不利的。

二、教育自由有助于促进学生的个性发展

学生的个性发展是教育自由的价值追求。“追求自主性是 20 世纪相当一部分道德哲学的深刻动机”。道德哲学对自主性追求的动机，导致教育学对个性发展的追求。然而，人的个性在怎样的条件下才能够得到发展呢？怎样的情况会导致

人的个性化的发展呢？教育学固然对此做出了许多有益的探讨，然而，根本的前提问题似乎还没有予以明确的分析。为此，教育哲学有必要对涉及学生个性发展的前提问题进行探讨，并且认为，学生的个性发展与自由密切相关。

没有自由就不会有人的个性发展。但这只是在一般的意义上展开的，亦是在成年人生活水平的意义上展开的。对于教育来说，学生的个性发展需要怎样的条件，以及学生的个性究竟应该在怎样的教育背景下才能够得到发展，却是一个有待解决的问题。上述结论适用于学生的个性发展吗？适用于教育促进学生的个性发展吗？要回答这些问题，就需要对个性的内涵进行分析，以发现个性与自由之间的关系。个性意味着允许人们彼此相异，意味着给每一个人本性以尽可能多的公平发展的机会，并容许人彼此拥有差异性。个体差异性究其实质是个体的能动性和个性在实践活动中相互作用的结果。能动性意味着非正当的外在强制的免除。当存在对个体的非正当的外在强制时，任何所谓的“能动性”也徒具有言说的意义。因为能动性所表明的是个体自我选择的可能性的存在与不受压制。然而能动性只是表明个体具有选择的可能性。个体所具有的选择能力才是人的能动性的现实条件。这样，有关学生个性发展的问题实际上就转化为学生个体选择能力以及在选择中来体现其能动性两个方面的问题。概言之，学生个性的发展问题是一个关乎自由的机会和自由的能力问题。

自由意味着个体能够进行自主的选择。选择的出现在于存在多种可能性。因此，自由的机会即在于个体做出选择的可能性。对于有待做出选择的个体来说，多种可能性中的每一种可能性都具有其特殊的意义和价值，并且不同的可能性彼此之间可能是相互冲突的。如果多种可能性之间是相容的，或者个体只面对一种可能性时，那么个体的选择就显得既无必要也无意义。实现生活中每个人所面临的价值冲突，意味着不相容的多种可能性的存在。而刻意地将多种可能性被他者以某种方式确定为一种可能性时，那么个体的选择也就不存在了。个体的这种选择的不存在恰恰就是个体自由的不存在。因此，从个体选择的角度来看，没有个体的选择，也就没有个体的自由，从而也就没有个体个性的发展。

仅有自由的机会并不足以表明个体就是自由的。当个体面对多种可能性而进行选择时，个体能否做出选择的一个重要的条件是，个体的选择能力亦即自由能力的存在。在有关公民个体自由的思考与探讨的理论文献中，一种常见的观点是，自由不可推及学生。例如，密尔即持有这样的观点，认为“作为一个人，到了能力已经成熟的时候，要按照他自己的办法去运用和解释经验，这是人的特权，也是人的正当的条件”。根源在于，“要由自己选定生活方式的人就要使用他的一切能力”。而“一切的能力”——观察力、推论力、判断力、毅力和自制力等，对于学生来说是有待于形成的东西，至少在学生时期，它们只是以潜在的方式而存在于学生身上。只有通过教育，这些潜在的能力才能够转化为实现的能力。这也意味着，至少对于学生来说，他们尚不具备选择特定的生活方式的能力和条件，而需要由教育者代替他们做出选择。这种观点当然有其合理性，其合理性在于，学生的自由选择的能力确实是一个有待实现的东西。但是这种观点同样具有它所处时代的局限性。它没有看到，学生的自由选择能力的获得乃是一个不断生成的过程，只有在不断选择的过程中，学生的自由能力才能够得到发展和提高。同时这种观点只考虑到学生没有运用自由的能力，因而成人在社会生活中所享有的自由学生便不能够获得；而没有考虑到，在教育生活领域以及在学校教育的情境中，学生可以获得类似于成年人在社会生活中所获得的自由，并且借助教育情境的自由来培养和锻炼学生的自由选择能力。密尔正确地认识到，“人类的官能如知觉力、判断力、辨别感、智力活动，甚至道德取舍等，只有在进行选择中才会得到运用”。也只有在个体的自我选择中，人的能动性才得以真正的表现和发挥。但是密尔却没有将这种认识用于他的教育学中，这不能不说是憾事。教育的自由所提供的，正是让学生从可能的多种选择中来获得进行选择的基本的能力。

学生的教育自由可以制约个性发展的反面——同质化。一个突出约束性和强制性的教育不仅不能提供自由的机会，更不能使学生获得做出选择的能力，因而是与学生个性的发展有着内在的冲突的。冲突的结果是个性的消失，以及社会个体的同质化的出现。同质化是人的趋同化过程，是人的个性化的反面。趋同化是人的基本属性之一。不能因为个性化而否认同质化的合理性。因为，人并不是孤独地生存于这个世界之中，人需要依赖他人。人既是分离的也是联合的。没有他人的存在，人的本质便不能得以显现。当他人在场的时候，或者当个体在他人面前展示自己的时候，这种展示本身就预示着彼此相同的或共同的东西。阿伦特指出，“人的多样性具有平等和差别的双重属性。如果人不平等，那么他们不仅不可能想到理解并了解其先辈，而且也不可能规划未来并预测后人的需要。如果人无差别——每个人都有别于任何其他一个现在、过去或将来的人——那么他们也就无法通过言语使自己被人理解，只需用符号和声音来交流直接的、相同的需求和欲望就足够了”。人既有相同的一面，也有不同的一面。人之为人就在于人既相同也彼此不同。而同质化恰恰只实践了人的同质的一面，而忽略或有意忽略人的异质的一面。从政治的角度来看，这种状况当然不无好处；但是从人类的视域来看，它无疑是在消除人之为人的本性。同质化和异质化实际上是人之成为人的两个方面，即共性和个性的形成过程，也是人的社会性和人的自我性形成的过程。但是这并不意味着人可以无差别。一个没有个性差异的社会，必然是一个毫无生机的社会。

社会的同质化既与社会的政治经济工业和商业的发展有关，也与教育的规模化运作密切相关。依密尔看来，“教育的每一扩展都在促进同化，因为教育把人们置于共同的影响之下，并给予人们以通向一般事实和一般情操的总汇的手段”。教育所表现出来的促成同化和普遍化的倾向，其实有悖于现代社会人们对个性发展的追求。当教育要求接受教育的学生“读相同的东西，听相同的东西，看相同的东西，去相同的地方，所抱有的希望和恐惧是指向相同的对象的，享有相同的权利和自由，握有相同的主张和相同的手段”，从而把人们置于共同的教育影响之下时，这种要求进一步地加强了社会的同质化，而使得个性化越来越成为一种人们在理论中进行探讨的主张而已。因此，在这种背景下，就学生的个性而言，由于社会对学生的影响尚未达到根深蒂固的程度，因而需要教育本身能够为学生提供自由与选择的成长环境。

显然不能将人的个性的自由发展置之于教育之外而完全交由社会。人的个性的东西在权力和利益许可的限度内的培养与发挥当然离不开社会的宽容与许可，即“容许不同的人过不同的生活”，这是人个性充分而自由发展的必要条件。然而，由于教育的这种同化功能有悖于学生的个性化理念，因此，一种不能由国家来直接备办教育的主张便被提了出来。其理由是：要由国家主持一种一般的教育，这无非是要用一个模子把人们都铸成一样，而这个模子又必定是政府中有势者所乐取的一种。这种担忧如果说在当时还只是一种理论上的，那么随着历史的展开，这种理论上的担心已经化为基本的现实。为解决教育中的个性化与同化的矛盾与冲突，在义务教育普及之初，一些自由主义者便强烈主张国家对教育的尽可能少的干预，认为，“政府只要决心要求每个学生都受到好教育，并不必自己操心去备办这个教育。做父母的喜欢让子女在哪里得到怎样的教育，这可以随他们的意愿，国家只需帮助家境比较困难的学生付学费，对完全无人负担的学生代付全部入学费用，这样就足够了”。但是，这仅仅是解决学生个性发展的一个方面的前提。实际上，在现代社会，即使不由国家直接备办教育，能否实现学生的个性发展的目的，也仍然是个问题。因为总体而言，教育对于每一个个体来说都是一个启蒙的过程。教育的启蒙意义就在于，通过教育及学校这样的公共讨论场所，解除传统的束缚，帮助年轻个体塑造一种独立的、反思的精神状态。启蒙就是人类脱离自我的不成熟。不成熟就是不经别人引导就不能运用自己的理智。然而教育的启蒙过程，却又是一个社会施以控制的过程。这种社会控制本身是反自主性的，是不利于学生个性发展的。正是在这种理念的指引下，才更有必要突出微观领域中的教育自由。通过教育中的学生自由与选择，来缓解教育中约束与学生自主、自由选择的紧张关系，以便教育教学活动在促成同化和普遍化的同时，保持对学生差异的认可，促进个性发展。

三、教育对象的差异性呼唤学生的教育自由

教育对象的异质性与多样性是教育自由的前提，也是教育自由的必然结果。殷海光指出，“人之可贵，贵在有差异”，人和人的差异，是教育自由之本，也是教育自由所追求的理想。如果人和人之间没有差异，那么就没有不同的理想人格有待实现，没有不同的才能有待发挥，也没有不同的需要有待满足，那么，教育自由也就显得无关紧要了。经验的观察表明，教育对象的差异性和异质性是事实性存在。然而教育对象的差异性存在并不必然地使差异成为教育的出发点，从而也并不必然地使教育自由成为自觉的行动。古代教育的小规模以及由此而带来的个别化教学，使得差异本身成为教育的基础。“因材施教”由此而成为教育的一个基本准则。然而，教育规模的扩大以及由此而建立起来的现代教育制度，在班级授课制的教学组织形式下，使得差异成为教育的出发点沦为虚无，同时成为教育活动展开的基础。由此，“因材施教”便越来越成为一句空洞的口号。法国当代著名哲学家阿兰•雷诺说，“每一个存在都具有应得到承认的差别，但在一个民主社会里，它却只能或只应该在一个共享的认同身份下，带着在这种情形下显现的各种矛盾，在差异和身份认同的交叉中，在民主的身份认同的共同概念基础上得到承认”。雷诺所说的在共同概念基础上对差别的承认是有条件的，这个条件便是自由。如果没有自由作为个体的生活背景，那么共同概念基础的差别又怎样才能得到承认呢？

教育者在教育中所遇到的真正的矛盾正在于此。当教育以同质性为出发点时，个体存在的同一性得到充分地承认并由此而被确立，教育对象的异质性和多样性在共性得以确立的过程中也因此被消除。这正是现代教育所面临的最大困惑。现代教育是一个标榜培养学生的个性但实际上却是表现并追求同一性的规训场所。究其原因在于，教育对象的异质性与多样性并没有能够真正成为教育的出发点。这是现代教育的实践逻辑使然。同一的要求、同一的时空、同一的安排、同一的评价。这种种同一意味着现代教育制度是把学生所具有的共同性作为教育的出发点，同时也使得培养具有共性的人成为教育的真正归宿。现代教育的真正矛盾，就是这种同一的要求与对象的异质性之间所存在的张力。因为同一，所以就不允许差异。预先设定的普遍的教育价值观，成为这种同一性的基本内核。当同一的理想人格被设定为根本的教育目的并成为教育的出发点和归宿时，作为教育出发点的对象的异质性就已然成为满足理智快感的纯粹的言说。然而，即使是

在最为极端的时代（古今中外），也不曾消除人的多样性和差异性。同时现代社会赋予教育呈现差异并应该追求差异的教化功能。这是一种共同语境下的差异性，群体内部异己、异见的差异。社会的活力、社会的进步、社会的创新，均依赖于这种因差异而带来的多样性。现代教育对这种差异性的存在负有不可推卸的责任。那么，以同一性为出发点的现代教育，如何才能够真正做到把学生的差异性和多样性作为其出发点呢？只有两种选择。从教育实践的逻辑来看，则通过投入更多的教育经费，使得教育对象规模相对缩小，从而实现传统的教育所面对的小型化教学。然而，这种选择是我们目前所承受不了的。从理论的逻辑来看，则给予学生在教育中的基本自由，以学生在教育中的自由来释放现代教育对异质性与多样性的挤压，增加学生自由选择的可能性，从而在保证同一性的同时，切实使学生之间的差异性得到尊重。在这里，自由以承认差异性和多样性为前提，同时又保证差异性和多样性在教育中得以展现。

现代社会自由和民主的价值观念深入人心，要求在师生之间建立一种民主平等的社会关系。教育自由则正是对应于因优势地位而带来的教育专制、强制和暴力，对应于现代社会民主化的要求。在这种要求的背景下，个性化或个性发展便成为教育的主要追求之一。这种追求的出现与现代教育制度的出现紧密地联系在一起，并且是人们对于现代教育制度所带来的同质性问题的反思的结果。至少我们在洛克和卢梭的思考中，难以见到有关从个性发展角度来思考教育的现象。这主要是因为无论是洛克还是卢梭，他们所思考的教育的背景完全不同于现代学校教育的背景。在《教育漫话》中，洛克所指主要是家庭教育，在《爱弥尔》中，卢梭所指也并不是班级授课制的学校教育，而是具有明显个别化特征的教育。因此在这样的背景下，教育似乎就不存在因同质化而带来的对人的个性的压抑问题。教育的共同影响更多的是突出人的社会性即共性的形成，而往往压抑着人的个性的形成。因此，在这种情况下，在学生的生活中辟出一块领域，作为教育者不得干预的领域，乃是在国家教育背景下保证学生个性发展的有效之举。

四、平等与教育自由

艾德勒认为，我们人类据以行动的基本价值是自由、平等和正义。自由、平等和正义都是我们在生活和行动中所必需的善。自由作为教育的价值，虽然不被人们看作基本的价值，但是对于教育来说它却是必不可少的。自由对于教育的价值在于，没有学生的自由，就不会有学生个性的发展，就难以获致真理；不承认学生的教育自由，就难以解决教育中的教育对象的差异性与多样性问题。学生的自由不仅是其个性发展和教育开展的条件，也是其进入成人世界运用自由的条件。然而，虽然自由对于学生个性发展以及对于教育具有不可或缺的价值，但是教育自由的存在，是否会对教育平等以及教育正义等产生妨碍呢？如果说自由之于学生个性的发展只是阐明了教育自由价值合理性的必要条件，那么就其充分条件的意义上来看，就必须阐明教育自由并不妨碍教育的平等与正义。只有这样，才能够说教育自由价值的合理性得到了充分的辩护。

当我们讨论教育平等时，一个首先需要说明的问题是，它不是有关教育者与学生的平等关系问题，而是学生之间的平等关系问题。教育者与学生的平等当然也是一个问题。固然现代社会一直倡导师生平等之类的主张，但是应当要看到的是，师生之间本来就不处于平等的状态，或者说在二者之间存在着自然的不平等和社会的不平等，同时也存在着政治上的不平等。以政治权利为例，教育者拥有参与公共领域活动的权利，而学生则并不享有这项权利。如果说从权利的角度来看，教育者与学生之间至多具有某些相似性，比如说，学生同样拥有教育者所拥有的个人不可侵犯的某些自由。然而，对于学生的教育自由的合理性辩护来说，一个必须要讨论的问题是，学生的教育自由会不会给学生之间的平等带来冲突？之所以提出这样的问题，是因为对于自由与平等的关系，政治哲学包括教育哲学对此颇有争议。在自由主义者看来，自由是至高无上的。为了自由，即使牺牲平等也在所不惜。实际上，当自由成为社会的最高价值时，平等亦往往不复存在。因而自由的代价总是不平等的存在。而在平等主义者看来，平等乃是至高无上的。为了实现社会最大化的平等，即使在多方面侵犯个人的自由也是值得的。因为，在他们看来，假如只存在机会的均等，而且不限制个人利用机会的自由，则必然会导致条件的不平等。无论是自由主义者还是平等主义者，虽然各自的价值取向不同，但共同之处在于，他们都认为自由与平等存在着相互冲突的可能性。那么究竟怎样来看待自由与平等的关系？

在《自由秩序原理》中，哈耶克从其自由主义的立场出发，对涉及教育平等问题进行了分析与讨论。哈耶克强调，人生而有差异；不仅如此，还存在着天生能力的差异和养育能力的差异。这就是教育的出发点和前提。在此前提下，社会如何才能实现教育的平等呢？哈耶克认为，这是一个与平等的理念有关的问题。何谓平等？在哈耶克那里，平等并非是指一种结果的或事态的平等，而是一种无差别待遇的平等，是法律面前和社会行为规则面前的平等，即尽管人们在事实上存在着差异——对于哈耶克来说，这个事实不仅无法消除，而且从根本上说是有益于社会的进步与发展的，但每个人都应当得到平等的对待。因此“平等”是指“平等对待”，而非“制造实质性平等”。对于哈耶克来说，需要反对的恰恰是“制造实质性平等”。因为制造教育平等意味着政府对教育的不断干预和强制，意味着自由原则在教育领域中的放弃，从而带来“歧视性强制”。其结果是，表面上的实质性平等则是另一部分人的极大的不平等。从总体上看，哈耶克所持有的基本观点是：人们不应当为实现教育平等而控制教育；教育的机会只能为少部分人所享有。这一事实表明，并不意味着人们应该在此方面有所作为，而应基于法律面前人人平等的原则，由所有个体自行把握接受教育的机会；为避免实现教育平等而造成对自由的价值的践踏，因此教育平等只能是条件平等或程序平等，即法律面前的人人平等。换言之，就教育平等而言，政府不应该通过其排他性的强制性权力，有意识地安排某些人接受教育。然而如果遵循形式上的平等，那么会导致什么样的结果呢？哈耶克坦言，形式上的平等必然会造成实质上的不平等。“如果我们给予他们以平等的待遇，其结果就一定是他们在实际地位上的不平等，而且，将他们置于平等的地位的唯一方法也只能是给予他们以差别待遇。因此，法律面前人人平等与物质的平等不仅不同，而且还彼此相冲突；我们只能实现其中的一种平等，而不能同时兼得二者。自由所要求的法律面前的平等会导致物质上的不平等”。而一般性法律规则和一般性行为规则的平等，是有助于自由的唯一平等，也是我们能够在不摧毁自由的同时有所确保的平等。哈耶克的思考表明，从自由出发而带来的结果只能是实质性的或结果的不平等。

但是我们从起点而非从结果来看自由与平等的关系问题，则结论似乎完全不是这样。换言之，从起点出发来思考问题，则我们可以说自由与平等并不是矛盾的或对立的，而是互为前提的。自由以平等为条件，而平等的突出表现也就是自由。当人们在说平等的时候，人们实际上是在说自由的平等；而当人们在说自由的时候，人们则是在说平等的自由。那么导致自由与平等的冲突或自由与平等的一致这两种完全不同的关系的根源在于，我们对于“平等”一词有着不同的理解和界定。当人们说自由与平等相互冲突时，这里的“平等”实际上是指实质性的平等；而当人们说自由与平等是一致的时候，这里的“平等”实际上是形式的平等，或者如哈耶克所说，是“规则面前人人平等”；或者如艾德勒所说，“作为人我们都是平等的——在人格上是平等的，在人性上也是平等的”。同样的，对于罗尔斯来说，自由与平等也不是一对冲突或对立的概念。当罗尔斯说“我们把公民当作自由而平等的个人来思考”时，显然在这里二者是一致的。对此罗尔斯的解释是，“个人凭借其两种道德能力（正义感能力和善观念的能力）和理性能力（判断能力、思想能力以及与这些能力相联系的推论能力）而成为自由的。拥有这些能力，使他们在所要求的最低程度上成为充分参与合作的社会成员，这一点又使每一个个人成为平等的”。

那么教育自由与平等是怎样的关系呢？为了回答这个问题，我们必须区别积极意义上的自由与消极意义上的自由。积极意义上的自由已经昭示着教育的结果，即每个人的自我完善和自我实现，是个体对于大写的“自我”的回归与拥有。因而，从这个意义上讲，积极意义上的自由与无论是形式的平等还是实质的平等都不是矛盾的或冲突的。而消极意义上的自由，则是一个突出形式上的平等。但是对于教育来说，没有一个思想家主张在教育中实现完全的消极意义上的自由。尽管权利观念使得在学生的教育生活领地中被划出一块教育者不得干预的领域，但这并不意味着我们对教育自由也可以区分出积极的教育自由和消极的教育自由。相反，它只是表明这样一种立场，即学生在教育中的自由是需要以积极的自我实现和消极的免除任意干预为条件的。这对所有受教育的学生是同等对待的，而不存有任何的差异。而一旦做出这样的要求，那么为了保证个性发展而允许学生保留的生活领域，对每个学生来说都是一致的，并且在其保留的领域都能够在一定的约束之下自由地“自行其是”。从这个意义讲，学生在教育中既是自由的，也是平等的。

但这也仅仅是理论上的设想。一回到实现之中，一进入经验的层次，我们就会发现，其间仍然存在着诸多的不一致与矛盾。因为在这里我们没有考虑到已经依附于学生身上的诸多社会的、经济的和政治的不平等因素。而这些因素在自由而平等的教育情境中所发挥的作用，将促使教育因自由与平等而走向它的反面。学生与成人一样，因依附于成人而成为非单纯的个体。有许多的社会因素加于其上，使得每一个学生在相同的社会环境下、在相同的教育情境中，被赋予了比抽象的“自由与平等”更多的东西。在这种情况下，正如西季威克所强调的，隐含在一种法律或制度的概念之中的平等，可能在法律或制度被平等的实施着的同时包含非正义，即不平等的实现。西季威克指出，“如果一条法律是用一般术语表达的，那么这条法律的概念本身就包含着一般的平等。同样十分明显的是，法律可以被平等地实施而同时又是不公正的”。也许正是这些外在于学生且先于学生而存在的因素，使得罗尔斯提出的实现平等的“补偿原则”，即“为了平等地对待所有人，提供真正的同等的机会，社会必须更多地注意那些天赋较低和出生于较不利的社会环境的人们”。并且根据这种原则来分配教育方面的资源，以便改善最不利者的长远期望，理由是：“教育的价值不应当仅仅根据经济效益和社会福利来评价。教育的作用是使一个人欣赏他的社会文化，介入社会的事务，从而以这种方式提供给每一个人以一种对自我价值的确信。教育的这一作用即使不比其他作用更重要，至少也是同等重要的”。也许我们可以得出这样的结论，即教育中的平等是不平等的平等，即尽管学生是带着不平等的因素而进入学校接受教育，但是学校教育却应该在所有方面使学生在受教育过程中都受到“平等对待”；也是教育自由的平等，即不管采用何种方式，都必须满足适应社会发展水平的教育需求，人人必须平等地接受教育，无论家庭背景如何良好，个人智力如何发达，他对有限的教育资源的占有都不应该是无限制的，以至于产生“教育贫困”。

因此，从学生教育发展来看，我们则很难说教育自由与平等是对立的。每个人都自由的发展，这对每个人来说都是平等的。每个人在学校的教育情境中所能得到的自由，既不多于他人，也不少于他人，这是参加教育活动所必不可少的。就此而言，每一个学生也是平等的。在教育情境中，每个学生都可以充分地参与教育活动，发展其与生俱来的潜在的理性能力，就此而言，每个学生又都是既平等且自由的。艾德勒说，“身高的不平等是由遗传因素造成的，天赋上的不平等也是由遗传因素造成的，我们的出生就决定了我们的智力水平有多高，这种人与人之间的不平等是天生的”。教育自由所要实现的是，每个学生在现有的社会历史条件下尽可能地得到最好的发展。除此之外，因学生个人的智力和努力而造成的差异，并不能看作教育的不平等状况。因为每个学生的智力状况以及对于学习的投入程度和努力程度，却不是单单教育者所能够左右的。尽管学校、家长或教师要求学生努力学习，但由于这其中涉及学习动机问题，并且涉及社会的文化背景与文化传统的问题，因此对此问题的复杂性我们应该有个充分的估计。

五、正义与教育自由

对于教育自由价值的合理性辩护，除了要考虑它与教育平等的关系之外，还要考虑学生在教育中的自由是否是教育的正义？为此，就必须要回答：何谓正义的教育或教育的正义？教育正义与教育自由之间存在着怎样的关系？在一种微观而非宏观的理论视域中，教育正义的实现究竟如罗尔斯所设想的那样将学生平等的自由置于优先地位呢？还是像斯金纳所认为的那样，在于使学生参与到教育共同体的日常事务呢（教育的及管理的）？或者还是像麦金太尔所认为的那样以学生对善的把握为条件呢？

贯穿于《理想国》始终的一个问题，就是对“什么是正义”的不断追问。实际上，如巴里所说，“在任何一个社会里，无论什么时候，只要它的成员开始对他们的生活赖以依存的制度安排进行反省的时候，这个问题就会不可避免地被提出来。社会制度并不是一个自然现象，而是人们的创造物。既然它可以被制定因而也同样可以为人们所改变”。而一旦涉及对制度的改变，人们就必须要提出“什么是正义”的问题。但是我们在这里所讨论的问题，并不直接涉及教育制度的改变问题，也不涉及对现行的教育制度反省的问题，而是探讨在微观的教育过程中，教育正义与自由的关系问题。这使得我们的探讨处于一种不同于政治哲学对正义问题的设问方式之中。然而不管这种探讨的问题追问方式如何的不同，首要的一个问题，即“什么是正义”，则是一个必须要给予回答的问题。因为对这个问题的回答直接关系到我们对教育正义问题的理解与确定，从而也牵涉到我们对教育正义与自由关系的理解与确定。为此，我们有必要从有关正义的观念史的角度出发，对此问题做简单的梳理。

对于“什么是正义”的问题，至少存在着几种不同的理解和回答。一种观点认为，凡正义的就是合法的。法律所禁止的行为就是不正义的，而法律所规定的就是正义的，按照这种观点，上海的“孟母堂”便为不义之举，因为一个显而易见的事实是：它违反了义务教育法的若干规定。第二种观点认为，存在着自然正当，自然道德法律和自然权利，决定着什么是正义的什么是不义的，因而正义本身先于并独立于政府所制定的法律条文，法律是否正义依赖于通过自然权利和自然正义来判定。第三种观点是实用主义的或功利主义的理论，认为无论是个人的行为还是政府的行动或政策，以及政府所制定和颁行的法律，看其是否正义取决于其结果是否符合各个领域最终的目标，而最终的目标就是“全面幸福”或“大多数人的最大利益”或“共同利益”。符合“全面福利”或“共同利益”的就是正义的，否则就是不正义的。因此，如果剥夺一个差生接受教育的权利而能够为多数学生创造更好的发展条件，那么这种对差生教育权利的剥夺就是正义的。上述三种观点争论的焦点在于，衡量行为或行动之正义的标准，是基于法律、自然权利还是基于多数利益。第四种观点是由罗尔斯提出的“作为公平的正义”。在公平正义中，人们预先接受一种平等的自由的原则。人们对于善的追求必须遵守法律的规定和道德的约定俗成，他们的欲望和志向从一开始就必须受到正义原则的限制。一个人没有权利从别人的自由受损中获利。个人不能因为天赋人权而对抗大家普遍接受的规则约束。每个人实现自己的自由都要满足一定的程序正义，即要建立在理性基础上追求自己的自由，不能把自己的幸福建立在别人的痛苦和侵犯既定的社会规则之上。自由和正义有着不可分割的联系。在一个正义的法律制度所必须予以充分考虑的人的需要中，自由占有一个显要的位置。对于罗尔斯来说，“正义是社会的首要的价值，正像真理是思想体系的首要价值一样。一种理论，无论它多么精致和简洁，只要它不真实，就必须加以拒绝和修正；同样，某些法律和制度，不管它们如何有效率和有条理，只要它不正义，就必须加以改造或废除”。因此在一个公平正义的社会中，如果要想获得正义，个体的分离和绝对的自主的原则就必须尊重。“每一个人都拥有基于正义的不可侵犯性，这种不可侵犯性即使以整个社会整体利益之名也不能逾越”。正义要落到个体身上，首先要被尊崇的就是一套特定的个人权利；而在这一套特定的个人权利中，就包括公民的某些“基本的自由”，其中最重要的是免于不必要的干预的自由。要想获得正义，最高的优先性就必须使每个人得到自由的保护。每个人应得的东西就是把他们自己的个体自由最大化的平等权利。如果要维护正义，就要平等地尊重每个个体公民的自由。而要使这种平等的自由最大化，那么对这些公民个体生活的干预就要最小化。为了正义的理想，国家必须负担相应的义务，尽可能地尊重所有公民以他们自己选择的方式实现他们自己选择的目标的平等权利。

如何看待上述几种不同的正义观，将直接影响到我们对教育正义的理解，也影响到我们如何理解对教育正义与自由关系的理解。在第一种情况下，一切我们称之为正义的教育，均在于它是否符合国家的法律精神和法律规范。与此同时，作为正义的教育，必须要注重对公民理性的培养。恰恰是理性赋予个体理解法律精神的基本条件。因此，当一项教育行动，从法律的角度来看明显与法律的精神不相符合，那么我们就不能称之为正义的。因为法律本身已经昭示着正义之所在。在第二种情况下，问题则变得复杂起来。能够被看作学生的自然权利的，大概也只有立足于自我保护的且通过教育而发展自己的自我保护之能力的教育。但是应当注意的是，在不同的思想家看来，作为衡量教育之正义的自然权利似乎也存在着差异。在柏拉图看来，真正的教育，或正义的教育，在于引导那些有资格接受教育的公民去看那存在的本质，去看那体现为存在之本质的善。因此，我们也就有了一个衡量教育之正义与否的绝对标准，凭借这个标准，我们能够知道什么是好的教育，什么是不好的教育。那个我们能够称之为“好的教育”，乃是教育的完善状态。好的教育就是按照人的自然本性去实施的教育。不过按照自然本性去实施的教育，与近代以来兴起的自然主义教育理论又不是完全相同。对于自然主义的教育理论来说，遵循自然本性去实施教育，仅仅是在手段的意义上来思考的，而不是在目的论的意义上来说的。而在第三种情况下，正义的教育就在于它能够促进社会大多数人的福利，在于它能够实现共同利益。以这样的正义观来看教育，则面向少数人的英才教育以及20世纪80年代以来盛行的重点学校策略，乃是正义的。因为从表面上看优质教育似乎只向少数人开放，因而是不正义的；但是如果从国家建设的需要、从民族振兴的大业来看，面向少数人的英才教育，恰恰意味着它在为大多数人谋福利，因而是正义的。在这种正义观的支配下，有关违纪学生被学校开除后重新回到学校，并因此而产生争论，也就不足为奇了。因为从功利主义正义观来看，开除一个可能会影响到其他学生接受教育的“边缘生”，乃有利于增加其他学生的教育利益，因而是正义的。在第四种情况下，罗尔斯的正义观牵涉到本书所要讨论的核心问题，即教育正义与自由的关系问题。至少以罗尔斯来看，将他的正义理论应用于教育领域，不仅是适合的，而且也是可行的。如果这样，那么我们所能够得出的结论可能是这样的，即教育正义同样是以学生的平等自由为保证的。因此任何正义的教育，都不应该以侵犯学生的自由为代价。尽管学生与成人有着很大的差异，但是这种差异并不是质的差异，而仅仅是一种程度上的不同。例如，公民自由所必不可少的两种道德能力和理性能力，在学生那里显然还有待于通过教育来发展，因而学生作为公民的自由无疑地会受到极大的限制，而这种限制在成年公民那里是不存在的。在保证学生基本的教育自由的前提下，正义的教育在于“关切诸如他们（学生）获得理解公共文化并参与公民文化的各种制度的能力，关切他们终身成为经济上独立和自我支撑的社会成员，关切他们发展各种政治美德”。尽管在罗尔斯那里，公民个体自由所必须拥有的两种道德人格能力——正义感能力和善观念的能力——和理性推理能力是一种其理论所要求设定的能力，但是在现实的社会生活中，成为自由平等公民的这两种能力，既需要公平正义的社会制度安排也需要教育来培养正义感和权利意识。在这样的要求下，正义的教育就应当是在保证学生自由的前提下，使学生充分获得对其将来参与社会合作至关重要的两种能力。

罗尔斯的公平正义观要求人们将自由置于善之前，这种观点遭到共和主义理论家的强烈反对。就正义、自由与共同善三者的关系来看，共和主义者坚决主张，如果要想使公民个体的自由最大化，唯一的选择就是全身心地投入公共服务的生涯中，应该把共同善的理想置于所有有关个人好处的考虑之前，争论的关键归结起来就是社会对于个体利益和责任的分配问题。因此，当我们问及教育制度对利益和责任的分配会产生怎样的影响时，我们实际上是在提出这样的问题：教育中的利益和责任如何分配才是正义的？如果把学生在教育中的自由获得也看作利益和责任分配的一个方面，则这样的分配是正义的吗？接受教育的自由是学生的根本利益。学生通过接受教育而获得参与社会合作的能力，这是社会正义之所在，也是教育正义之所在。

教育正义的理念在于，教育无论对谁都应同等对待。受教育是学生基本的自由。任何人以及任何组织都不能够以任何的理由或借口加以剥夺。正义的教育就在于，对于那些被剥夺教育自由的学生来说，他们所需要的恰恰就是教育。学生没有不受教育的自由，与此相对应，学生同样拥有不被剥夺受教育的自由。当违纪学生被学校开除而在舆论的逼迫下返回学校，从而引发一场关于这类学生是否能够开除的讨论时，我们不得不为这样的讨论而感到莫大的悲哀。讨论本身意味着，有相当一部分人，从学生到家长乃至到学校的校长，只是从自身的利益出发来考虑所谓教育的公平问题。甚至与此不同的意见或主张竟然没有在有关的讨论中被展示出来，更显示出当代中国教育的真实处境。因此，特定的教育现象所折射出的教育的不正义问题，也确实应该是我们这个社会需要关注和思考的问题。如果说学生的受教育自由被剥夺表明学生的教育自由不存在，从而表明教育的不正义，那么学生的受教育自由被剥夺就已经远远不只是一个能否接受教育的问题。当然这并不是说在任何情况下，剥夺都是不正义的。剥夺的合理性，亦即它符合教育正义的要求，乃至于在这样的情况下，被剥夺者已经成为破坏教育秩序的一个无法否定的因素。但是，这里的剥夺仍然是有限度的，即剥夺在某个教育机构接受教育的自由，但基本的教育自由却并不能被剥夺。质言之，这里对学生教育自由的剥夺也仅仅是在他如其所愿的学校接受教育的自由，因而被剥夺的仅仅是一定范围内的“自由”而不是他接受“教育”的自由。剥夺的合理性只能存在于下列条件之中，即剥夺的对象不是“教育”，而是对教育的选择即“自由”。学生的教育自由，既是参与教育的自由，也是免除任意干预和不正当强制的选择教育的自由。在前一种意义上，剥夺就是一种不正义的行为。而在后一种意义上，如果剥夺仅指向选择，且学生的行为已经造成对他人的妨碍，那么这种剥夺是正义的。作为补充条件，剥夺学生对教育的选择，必须辅之以指定的教育以满足学生参与教育的自由。由此我们可以得出这样的结论，即参与教育的自由是教育自由的绝对性要求，而选择教育的自由则仅仅是教育自由的相对性要求。只有在满足参与教育自由这个绝对性要求的前提下，人们才可以提出选择教育的自由的要求问题。

从一般的意义上看，教育正义与学生自由并非是矛盾的。不过，放在特定的社会背景下来审视则会发现，教育正义与自由却可能是冲突的。当学校被合法地标示出不同的等级的时候；当学生能够对不同等级的学校进行自由的选择的时候，这种自由的选择学校恰恰意味着选择本身的不正义，因而也直接暴露出教育的不正义。尽管这种不正义往往是借着“因材施教”这个说辞而在表面上显示其正义。但是当面对等级化的学校制度现实而强调学生的教育自由，这种强调及实践的结果必然是学生的被差别对待。因为当学校被区分为不同的等级时，这种区分意味着学生因某些方面的差距而被不平等地对待。这样，教育中自由选择的平等就成为自由选择的不平等。如果这种不平等的对待也被说成正义的，那么教育正义就应该是以自由的不平等而不是以自由的平等为基础的。这种观念恰恰是古希腊人的正义观念，即人类相互之间天生就不平等，所以就应受到差别待遇。因而只有对相同的人以相同的待遇，对于不同的人应该以不同的待遇，这个社会才是正义的。但是人类社会的发展历史表明，争取平等而不是保留不平等，则成为一个共同的趋势。

因此，即使满足参与教育自由的绝对性要求，放在特定的制度背景下，也有可能导致教育的不正义。其中的原委，都与“教育制度”的安排与设计有关。就一般的教育制度安排来说，若制度把所有的学生看作无差别的行为主体，并且所有无差别的行为主体也同样面临无差别的选择对象，那么其结果就必然是无差别的，或者说是平等的。但是，一旦主体的选择对象存在着差别，而且这种差别并不是自然的差别，而是制度运行的结果或者说是社会因素造成的差别，那么选择的结果就必定是有差别的。当社会有意识地将学校制造出等级时，这种制造的结果就使得学生选择的对象面临着巨大的差异性。在这样的背景下，选择的教育自由所能带来的，也就只能是教育的不正义。遗憾的是，追求效率的功利原则对于教育的支配，使得正义原则被社会忘却。令人感到欣慰的是，当政府提出“教育均衡发展”的口号，并采取切实有效的措施在努力使所有学生都能够接受平等的教育的时候，一个追求正义的教育理念正在开始确立。

第二节　教育自由与责任、秩序

教育自由价值的合理性，不独在于它与平等、正义等有着不可分割的关系，更在于教育自由有助于培养学生的责任意识和责任感以及它对教育秩序的维护。教育者应当培养学生的责任意识和责任感，这种责任意识和责任感包括社会方面的，也包括个体方面的。然而在怎样的条件下，学生才会形成责任意识和责任感，并进而勇敢地为自己的行动负责呢？从法律上说，学生不具有责任能力，那么在这种情况下的学生能够为自己的行动负责吗？与此同时，在人们提倡学生的教育自由时，总会提出一个无法回避的问题，即学生的教育自由是否会对正常的教育秩序带来消极的影响或冲击？教育自由的合理性辩护，必须要回应这两个问题。

一、教育自由与责任

学生拥有教育自由意味着他必须承担因自由而带来的负担。这个负担就是责任概念。哈耶克指出，“自由不仅意味着个人拥有选择的机会并承受选择的重负，而且还意味着他必须承担其行动的后果，接受对其行动的赞扬或谴责”。因此，“坚信个人自由的时代，始终亦是坚信个人责任的时代”。阿玛蒂亚•森亦认为，“人们自己必须承担起发展和改变他们生活于其中的世界的责任。……我们所看到的发生在我们周围的可怕的事情，本质上是我们的问题。它们是我们的责任——不管它们是否也是别人的责任”。从这个前提出发来思考与教育自由相对应的教育责任概念，就必须面对这样的问题，即作为教育自由条件的学生责任问题。我们可以从责任、学生的责任条件、责任能力、责任意识和责任感的培养等方面来阐述它。

责任概念既是作为义务性概念也是作为后果性概念而使用的。面对问题，人们有“责任”去解决它们。这个命题并不存在什么问题。因为生活本身就是一个不断解决所面临问题的过程。在这里，责任概念就是一个被内在的需要所驱动的概念，一个义务性概念。义务概念，就是做应该做或必须要去做的事情。人们生活在社会中，必然要与他人发生各种各样的关系。由此而使得我们在与他人的交往中必须承担起各种各样的义务。这是我们每一个人都无法摆脱的束缚，也是人之成为人的基本条件。不对他人承担义务，就意味着自己对他人是无意义的，因而在某种意义上可以说这个人就是一个非“人”的存在。精神病患者就是这样的人。他不对任何人承担义务，甚至也不对自己承担义务。而学生则不同，尽管理性能力的限制使得学生还不能如成年人那样承担完全的义务，但是必须承担起与其理性能力相配的义务，并且对于学生来说还必须承担起成为“人”的义务。这种义务从他一降临人世就已经发生。他必须接受教育。在这里他没有任何选择的余地或选择的可能性。成为人，就意味着承担受教育的义务。尽管这种义务是在一种义务承担者所感觉不到的状态下实施的。无人能逃避教育。学生的责任就是接受教育。这既是学生的自由，也是学生的义务。逃避受教育责任不仅是拒绝教育自由，更是拒绝自由。

责任还有另外一层含义，那就是承受因行为而带来的后果。但是这种说法需要做一些补充说明，即这种行为必须是主体自我选择的行为。纯粹地受自然规律支配而发生的行为后果，我们便不能把它看作一个人必须要承担的责任；同样当我们的行为并不是由自己来做决定的，而是由他人代为做出决定的，亦即个体的行为是受他人意志所支配的，在这种情况下，我们也不应该对行为后果承担责任。责任概念排除行为的因果律和外在意志律。“由于人的行动完全是由自然原因决定的，所以认为他们要对其他人对其行为的赞扬或谴责负有责任就是没有合理根据的。”因此，这种定义上的责任概念是与消极的自由概念紧密地联系在一起的，且两个概念具有密不可分的互补性特征。没有消极的自由概念，也就无责任概念，而没有责任概念，则自由就将会是一个非常可怕的东西。阿玛蒂亚·森指出，“自由以责任为条件”。反过来，当社会及教育者试图培养学生的责任能力、责任意识和责任感时，没有学生的教育自由也是不可想象的。

责任的两种蕴含如此紧密相连又彼此相异，以至我们在使用责任概念时，需要根据语境和背景来对它的含义做出应有区分。在一般的意义上，当人们说学生的“责任意识”“责任感”时，这样的说法本身可能就既包含着义务的意思，也包含着后果的意思。当阿玛蒂亚·森提出“我们的责任感并非只适用于我们自己的行为所造成的痛苦，而且还可能适用于我们所看到的、发生在我们周围的，并且我们有能力帮助减轻的痛苦”时，显然他也是在责任的两种意义上来使用的。由此来看，责任就是一种担当。作为责任的担当，既可以是义务概念意义上的担当，也可以是后果概念意义上的担当。当责任是义务概念意义上的担当时，我们说个体所承担的乃是一种社会责任；当责任是一种后果意义上的担当时，我们则说这是一种个人责任。这样责任就可以区分为“社会责任”和“个人责任”。

“社会责任”概念意味着，每一个人都应当承担社会要求他承担的且与其身份相符合的义务，以有责任的行动者的身份参与到社会合作之中。这个命题的前提是，我们每一个人就不可避免地要依赖他人而生活。为了我们自己的存在，有些事情是每个人都必须做的。社会所要求人们必须做的事情，尽管就其利益的指向乃在于他者，但这绝不意味着人就是利他的。之所以必须做一些利他的事情，归根到底仍然是为了自己。如果每个人都这样做，那么每个人就都是在做利己的事情了。阿玛蒂亚•森把“社会责任”理解为社会要求每个人都照看他人，并指出，“把照看一个人利益的负担加诸另一个人，这样的责任划分，会在很多重要方面造成问题：动机、参与，以及自我知识——一个人自己也许处于一种独一无二的位置拥有这种知识”这样的理解实际上是有问题的。因为社会责任从表面上看是社会要求一个人必须照看他人，但实际上社会责任的根本在于每个人都要依赖他人因此而必须要尽的义务。只要人们参与社会事务，并与他人进行合作，那么人们就必须承担起他应承担的责任。从这一点上说，社会责任的概念亦即责任的义务概念，是与自由的积极概念联系在一起的。

中国社会的传统文化及其民族心理结构，使得我们在讲到责任时，更多的是在前一种意义即“社会责任”的意义上来说的。我们颂扬和提倡的是“天下兴亡匹夫有责”的精神，是“为中华民族之崛起而读书”的品质。我们所要求学生做到的是，要具有一种社会责任感或社会责任意识。而“一人做事一人当”的观念或者说个人责任概念几乎很少被人提及，仅仅是在民间或日常生活中才会偶尔被提及。从责任概念的不同指向来看，中国和西方的区别，实质是“社会责任”与“个人责任”的区别。由于突出个人对社会所应承担的义务，所以社会所强加给个体的约束远甚于西方社会。在这样的社会文化传统之中，教育在培养学生的社会责任的同时，有必要认真地思考和培养学生的个体责任。就我们所承担的义务来说，就这些义务的履行关系到社会的存在与状态而言，我们确实需要承担起社会责任，因而教育就必须培养学生的社会责任感。而就个体作为自由主体在社会生活中自主地做出选择和决定来说，每个人又都必须为自己的行为后果负责。一件自我选择的事情，因为知识、努力、环境、机遇等诸因素的影响，而使得事情的结果不仅不能令“我”满意，而且也不能令与此事相关的人或社会组织满意，并由此而带来消极因素的后果，那么在排除外在意志强制的情况下，就必须要由“我”自己来承担行动的后果。

关键的前提是，人是生活在自由状态之下的。一个人如果是不自由的，亦即一个人自觉或不自觉、一生或只是一时地失去对自身运用与活动的处置权，那么这样的人是否就应该为其行为负责呢？再一种情况是，如果一个人拥有自由却不具有自由的能力，那么这样的人是否就应该为其行为负责呢？对于这两种情形，持消极自由概念的思想家的答复是否定的。例如，对于哈耶克来说，“课以责任，因此也就预设了人具有采取理性行动的能力，而课以责任的目标则在于使他们的行动比他们在不具有责任的情况下更具有理性”。因此，对自由的主张只能适用于那些被认为具有责任能力的人。“它不能适用于未成年人、精神病患者”。从这种观念出发，哈耶克搁置了我们在这里所要讨论的问题，即教育自由下的学生责任问题。对此，哈耶克明确指出，“对于那些不能被认为具有责任能力，从而有关自由的主张不适用或不能完全适用于他们的人所提出来的特殊问题，显然不是我们在这里所应当讨论的问题”。但是对于我们来说，它恰恰是一个我们无法绕过去的问题。首先，自由并非是一个自足的概念。对于很多人来说，自由只是可欲求而不可实现的虚幻存在。为此，自由才成为发展的首要目的。然而，这种观点似乎遇到了各种强有力的哲学理论的挑战。例如，有一种观点认为，在一个生活贫困、物质匮乏的社会之中，发展经济生活乃是首要任务。为了发展经济生活，牺牲自由是不可避免的事情。在此观点下，个人自由的丧失便成为社会物质丰富的条件。遗憾的是，自由丧失了，社会物质却并没有丰富起来。反倒是，社会中一小部分群体却越来越富有。当自由只具有形式上的意义而其实质已然丧失时，个体还能够在多大程度上为自己的行动负责任呢？其次，学生的成长过程是一个从被监护走向完全责任能力的发展过程。从年龄或智力的标准来说，这个发展有着明确的界限；但是从实际发生的情况来看，这个过程则可能是渐进的和不明确的。监护概念表明，在人类的生活领域和各种事务活动中，学生和成人之间存在着质的区别。监护标志着成人社会对学生所采取的处理方式，亦即不自由。这里判断的标准就是责任能力。从公共生活来看，社会大体把人分成两类，即具有责任能力的类型和不具有责任能力的类型。学生因其年龄所带来的理性能力的局限性而被归入不具责任能力的类型。因此，在通常的观念中，因为学生不具有责任能力，因而学生就不能够拥有自由。这种观念的错误在于，它混淆了学生的自由与其责任的逻辑关系。理论的逻辑说明，没有自由便没有个体承担的责任。然而这并不意味着该命题的反命题就是真实的。就学生的教育来说，恰恰是因为自由与责任的逻辑关系，因而为了使学生在今后的成人生活中能够更好地承担起社会责任和个人责任，获得社会所期望的责任意识和责任感，教育就必须给学生以适合于学生教育的自由与选择空间。

学校教育生活领域既不同于个人的私人生活领域，也不同于公共生活领域。学校教育有着“私”的成分，更有着“公”的性质。当家长把学生送进学校，同意由学校这样的教育机构来对他的孩子进行教育时，这种行为反映了学生和父母或监护人之间的教养关系。这种关系一直都归属于私人的亲密关系。但是一旦学生走进学校，那么学校向他呈现的所有教育的要素，从目标、内容、途径到组织、计划、安排等，都已经体现着国家的意志。在此情况下，我们无论怎样分析，都难以把教育看作非公的。学校教育中的一切都是公开的，与不公开的私人领域形成鲜明的对比。进入学校，就意味着学生在特定空间中的被展现，意味着学生成长过程的公开化。因此，当我们把问题的界限设定在教育生活领域而不是私人生活领域亦不是公共生活领域时，条件的变化将会使得理论思维的问题域及问题本身的性质发生改变。学生的人生社会轨迹，是从家庭走向学校，再从学校走向“社会领域”和“公共领域”并融入新的“私人领域”。就此而言，学校可以被看作一个特殊的领域，一个学生向成年生活过渡的中介环节。当学生置身于学校教育领域之中并且享有教育时，学生的自由状况既不同于他单纯在家庭这样的私人生活领域，也不同于成人所参与的公共生活。学生没有责任能力，并不说明他在教育活动中就不应该拥有自由权利，也不表明他就应该对自己的行动不承担责任。如果是这样，那么伴随着学生无责任意识习惯的养成，学生在其成年后就会成为没有责任心的人，一个不合格的公民。区别只在于，学生在学校教育活动中所应承担的责任并不同于个体成长为成熟公民所应承担的责任。这是一种模拟的责任，一种个体承担社会责任和个体责任在学校教育生活中的预演。

权利概念的出现，标明了学生在教育中的自由状况。如我们在前面所论述的，学生的自由是与教育密切相关的自由。面对成人所确定的自由，学生便不能没有责任的概念。学生的责任概念所表明的是，无论是在他参与教育的自由中还是在他选择教育的自由中，他都必须认识到自己行动的种种后果。如此一来，就会产生一种逻辑上的悖论，即一个期望通过教育而提高其认识能力和理性能力的学生，又如何能够意识到自己行动的种种后果呢？为此阿玛蒂亚·森明确地表示：“没有实质自由和可行能力去做一件事，一个人就不能为做那件事负责。”这样的结论已经非常清楚地指出了责任的条件或前提问题。照此推理，学生没有“实质自由”和“可行能力”，因而学生就不应该对任何事情承担责任，因而责任概念便不适用于学生，即使学生拥有教育自由。看来，这的确是一个矛盾，而且似乎还是一个不可能调和的矛盾。但是，我们从单纯教育的观点来看，从教育自身所期望的学生所能够达到的效果来看，我们就不能认为它是一个矛盾。恰恰相反，这种矛盾正是教育赖以进行的前提和条件。正是教育承认学生具有可能的责任能力，而使得学生在进行各种教育活动中，通过自我的否定，而实现学生的责任能力。这意味着，真正的教育就在于在设定的责任能力中使学生养成责任能力。因为如果假定学生没有责任能力，而使得学生的一切行动都是由教育者代为做出选择或决定，那么学生自我选择或决定能力就难以有效地形成，从而学生运用自由的能力就成为一个言说中的幻象。对学生来说有意义的教育，就是在一个人为设计的环境之中，一个不同于成人社会的世界而又模仿成人社会的世界，在这其中，学生被赋予了一定的自由权利，从而在一个其自由范围逐渐扩大的成长过程中，去获得完全的责任能力。

面对学生的教育自由，我们又该如何划定学生的责任呢？参与教育的自由所对应的责任概念，应属“社会责任”的概念。换言之，学生接受教育并不单单是为自己而受教育，他受教育同时也是为了整个社会的存在、发展和延续。因此，教育应该培养学生的社会责任感和社会责任意识。教育的价值在于使学生认识到，他在不久的将来将和成年人一样，享有和成年人一样的自由，因而他必将承担起社会责任来，学校教育也应该使学生意识到这一点。学校教育的目的并不在于让学生切实承担起社会责任，而在于使学生在与社会和他人的交往中，形成社会责任感和社会责任意识。但是学校教育对于学生的个体责任来说，则是另一种选择了。因为不管学生年龄如何，学生的任何行为都附之以一定的后果。必须让学生时刻体验到这种后果对他个人的意义，从而促使学生在做出个人选择和决定时，必须基于一定的准则。当学生的行为给他人带来消极的影响时，也必须让学生尝试体验成年人所强加于他的否定性的后果，以使他认识到，行为的不慎是要付出代价的。因此，卢梭指出，“如果学生有冒失的行为，你只需要让他碰到一些有形的障碍或受到由他行为本身产生的惩罚，就可以加以制止”。卢梭在论述中虽然没有使用“责任”概念，但是责任概念已经隐含在上述论述之中。因此在对学生进行教育时，与学生的自由相联系；在培养学生的社会责任感的时候，更要培养学生的个人责任，亦即学校教育必须让学生认识到，每个人自主选择的行为后果都必须由他自己来承受。而在社会生活中，这些必须承受的后果对于任何人都无可避免。

学生个体责任能力的培养的可能性在于，学生在教育过程中所拥有的教育自由。这是因为，自由对于责任来说既是必要的也是充分的。没有自由便无法言及责任。反过来，虽然说有了自由，因而也必定承担责任；但是在实践中，只有通过不断的行动，自由与责任才能建立起相互性联系。因此，学生的教育不独对于个性的发展、社会的创新是有意义的，而且对于学生进入成年社会后的责任能力的培养也是有意义的。也只有在不断的行动中，即在学生的自由行动中，学生的责任意识才会形成，学生的责任能力才能不断提高。从责任的必要性前提来看，要培养学生的责任感和责任能力，教育者就一定不能替代学生做出本该由他做出的选择或决定。一切都替学生做主，不仅不利于学生个体的成长，也不利于学生未来责任意识的培养和形成。承受行为的后果，这是任何人都无法替代的。而如果选择或决定不是由学生做出，而结果却要学生承担责任，这不仅是不合理的，而且也是危害极大的。反之，选择是学生做出的，却不让他承担与其理性发展相应的责任，危害也是极大的。这是自由与责任的错位现象。做出自由选择而不承担责任，或者不做出自由选择却要承担责任，两者对学生来说都是非常有害的。

有一种观点认为，学生没有做出选择或决定的能力，所以应该由成年人来代替他做出选择或决定。这种观点从法律的角度来看，并没有什么问题。监护人制度的设立就表明学生行为能力的有限。但是从教育的角度看，这种观点是非常荒谬的。因为第一它假设了这样一个前提，即人的选择乃是一个自然自发发生的，到一定的年龄阶段就会自动地进行理性的选择，因而选择能力对于人来说是先验的存在；第二，在不该让学生进行选择的年龄阶段让学生进行选择，可能会给学生本人及社会带来极大的危害。这种观点没有考虑到这样一个基本的事实，即人的能力是在行动或实践中形成的，因而选择的能力也同样是在进行选择的时候才会形成。只有通过选择才能学会选择，只有通过选择才能获得选择能力。学校教育的根本意义在于，通过提供各种模拟的社会情境，让学生尝试通过自己的行动，来练习进入社会所必需的各种技能和能力，来形成对社会及自然的基本观点。学校通过提供各种选择的可能性，在学生的选择和责任之间，建立起谁都无法逃避的联系。学生的教育自由不仅具有政治学和伦理学的意义，而且还具有教育学的意义。前者改变了成人与学生的关系，使我们认识到学生作为主体性存在的实践可能性；后者则消解了在传统观点看来学生作为非理性存在的必然性，使得我们能够通过教育的选择，而使学生未来能够学会理性地运用自己的自由。

二、教育自由与秩序

自由与秩序的关系，也是我们在辩护教育自由的合理性时所不能忽略的问题。当教育自由与秩序联系在一起时，这其中便隐含着这样一个质疑，即从个体选择的意义上讲，教育自由是否会带来对教育秩序的冲击和破坏？是否会使那在传统的教育观倡导者看来有条不紊的状态发生混乱和无序？要思考和探讨教育秩序与教育自由的关系的问题，就必须回答教育秩序是如何建构的问题。当教育秩序的建构呼唤着教育权威的时候，这种呼唤将对教育及学生自由产生怎样的影响？

教育自由会引发教育秩序的混乱，这种担忧在积极的自由概念语境中是不存在的。人们对积极自由的担忧在于它可能带来专制或控制。以伯林的分析，这种担忧与积极自由概念所包含的四个假设密切相关。第一，所有人都有一个且只有一个真正的目的，该目的乃理性的自我导向的目的；第二，所有理性存在者的目的必然组成一个单一、普遍而和谐的模式，对于这种模式，有的人比其他人更能清楚地领会到；第三，所有的冲突，所有的悲剧，都源于理性与非理性或不充分理性——生活中的不成熟与未发展的成分，不管是个体的还是共同体的——之间的冲突，而这种冲突原则上是可以避免的；第四，当所有的人都具有理性的时候，他们将服从出自他们自身本性的理性规律，因此成为完全服从法律的与完全自由的人。由这种自由概念而导出的，将不是组织的无序问题，而是每一个人都可能在理性自我的支配下被强制和被造就，从而导致专制主义或由理性而支配着的秩序。当卢梭说“人们要迫使他自由”时，一种可能性的专制状态就已经隐含在此中了。人们真正对于秩序担忧的是在消极的自由概念支配下所可能带来的后果。随着学生权利观念的普及以及教育自由观念的出现，成人作为教育者的神圣性色彩日渐退却，由此而带来传统教育秩序所赖以建立的权威的丧失。从传统的意义上看，教育秩序的核心概念是权威，与此相关的则是权力概念。权力和权威都是构成教育秩序的基本要素。而权威也与权力密切地联系在一起。韦戈尔认为，权威是指“发布命令的权利，并且因为命令的发布合法，公民就有服从的义务”。尽管韦戈尔的论述是针对政治上的权利和义务而发，但这种论述对于我们思考教育中的权威问题也不无启发。从这里可以看到，命令的发布与命令所指向的对象的服从，表明秩序的存在。从教育的角度来看，则教育者的命令发布与学生对命令的服从，成为教育秩序的现实表征。但是问题在于，教育者发布命令的权利与学生在教育中的权利之间，可能存在着冲突。至少在教育者和学生都展示自己的教育空间内，教育者的权利与学生的权利之间是需要相互协调的。换言之，学生在教育活动中自由权利的增加，意味着教育者发布命令的权利的减少，尽管这种增加和减少都有一个可能的限度和界限，但其事实结果却是权威的降低。就此而论，因教育自由而对教育秩序的担忧，也并非没有道理。

教育权威并不完全取决于学生权利的扩大和缩小。它取决于社会的传统和价值，从而与社会赖以建立的根基密切地联系在一起。这种联系预示着教育权威在特定的教育空间中的不可动摇性和稳定性。由此出发则可以说，不管学生权利怎样扩大，教育秩序的稳定性将会因教育权威的内生性特征而得以维持。教育权威是因教育而不是因教育权利而得以存在的。教育权利只是教育所衍生出来的外在表征。教育者所拥有的因此也是学生所不具有的品德或知识而赋予教育者以内在权威。因为拥有知识，学生及其所托者——父母，相信教育者的判断，相信教育者为学生所做出的各种教育安排和计划，相信教育者为学生的成长而做出的种种努力。这样，尽管学生拥有着法律意义上的权利，但在现实的教育生活中，学生将会受到双重的统治：即一方面来自学校教师受社会之托并因知识的拥有而带来的对学生的统治，另一方面来自父母对学生的统治。的确我们可以发现，在教育者的权威和学生服从于权威之间存在着距离，这种距离的存在也确实导致部分教育者反过来对学生的过度管理与压制。但是也可以说，这种距离的产生可能是因为教育者仍然停留在传统的教育权威之中而没有从中觉醒过来的后遗症。因此，面对权威与服从之间的裂痕，面对由此而带来的教育秩序的混乱，我们不能因此就说教育自由观念本身出现了问题。学生不服从有不服从的理由。对于教育者来说，问题的关键不在于是否拥有权威，也不在于教育实践中教育者应该如何运用权威，而在于教育秩序的问题是否是由学生的教育自由造成的。

随着教育权威的观念日益受到挑战并变得难以辩护，教育秩序问题总是因此而被提出。这个问题在各种传统的教育学文献中，似乎无须为此而辩护，这主要有两个方面的原因。一是秩序问题总是与人的集体性活动纠缠在一起的。单个的行动并不存在建立秩序的问题。如果从活动过程的角度来看，它最多只是有一个行动顺序或程序的问题。只有当若干学生聚集在一起，为着某个共同目标或者为着某个相同的目标而参与教育活动时，教育秩序的问题才可能会显现出来。因此，如果说传统的教育之所以关注权威，主要是考虑代际传递关系的建立——对于洛克所描述或思考的教育或卢梭所探讨的教育而论，便无所谓教育秩序问题，那么近代以来的教育因其规模化就必须要考虑时空意义的秩序问题。二是秩序乃由权威建构。在这种观念的支配下，传统的教育权威的失威，才会引发出对学生管理的秩序问题。这主要是因为，传统的秩序观念，是将秩序与权威联系在一起的，是外在诸个体行动状态的描述。然而，如果我们把社会秩序看作个体秩序的反映，从而将教育秩序看作遵循学生心理发展规律和理性的结果，那么这样的担忧就会由此而消解。

实际上，秩序乃权威建构的观点已经遭到一些人的反对和批判。例如，哈耶克就认为，“自由之敌历来将其辩论立基于这样一种观点，即人类事务中的秩序乃是以一些人应当颁发命令，另一些人应当服从命令为必要条件的。大多数人反对以一般性法律为基础的自由秩序的观点，之所以是错误的，是因为它们未能认识到这样一个事实，即人类活动的有效合作，并不需要某个有权下达命令的人进行刻意的组织”。哈耶克把由权威而建立秩序的主张称为“自由之敌”，这种批判与指斥是够极端了。站在自由主义的立场来看，他的这种指斥当然是有道理的。因为如果秩序是建立在权威或服从命令之上，那么个体在社会的自由必然会被压缩到最可能小的程度。针对秩序乃权威建构的观点，哈耶克提出自生自发的秩序概念，即秩序的建立是缘于多个自由的个体在其生活交往中逐渐形成的，因而秩序是自由的结果，而不是权威的结果。那么我们又该如何对待这一有关秩序建构的立场呢？如果哈耶克所得出的结论主要是指向市场秩序，那么这种结论可以说有它的合理性和经验基础。但是应当看到的是，“人类事务”不仅仅是经济事务，或者用阿伦特的话说，不独只是由劳动者所进行的“劳动”和由技艺者进行的“工作”——这两项活动作为人类事务中的主要类型，旨在生产消费品和应用品。它们无疑对应于哈耶克所说的经济活动。但是，还有一类事务，它既不属于“劳动”的范畴，也不属于“工作”的范畴，因其涉及人们在公共空间的相互交往关系，而被阿伦特称之为“行动”的范畴。因此，如果说人类的绝大多数与市场有关的经济活动，其秩序的获得或形成乃是“不需要某个有权下达命令的人进行刻意的组织”，那么对于涉及公共领域的政治事务，以及对于有组织的各项非经济性的人类其他事务而言，没有确定的命令与服从，不知道社会将会是什么样子。当哈耶克这样来理解社会秩序时，他已经假设了有关秩序存在的诸多前提——“所谓社会的秩序，在本质上便意味着个人的行动是由成功的预见所指导的，这亦是说人们不仅可以有效地运用他们的知识，而且还能够极有信心地预见到他们能从其他人那里所获得的合作”。这些预先存在的前提涉及人对于环境的认识、合作的信念以及对于未来的确定性，并且假定每一个人都如其他人那样拥有这些前提。而参与经济合作的人的根本特征在于，他们都是理智成熟的成年人。在这种情形下，市场秩序的自发建构可以说是自由的必然结果。

但是一旦进入教育领域，那么上述观点便不完全适合于教育秩序的建构问题。对于教育秩序来说，从总体来看，也可能确实存在着哈耶克所说的自生自发的秩序。但是对于教育过程中的秩序形成来说，仍需要“通过集中指挥的方式”来进行建构。市场秩序的建立，乃是各分散的经济活动的主体相互适应自发调节的结果。但是如果经济活动的主体不是个体，而是一个企业或公司，它由众多分工不同的人员所构成，那么从经济活动主体内部以及它正常的运作、正常的秩序建构来看，同样也离不开“集中指挥的方式”。而且教育秩序建构的主体是两种不同类型的人：一种负有教育责任的教育者，另一种是理智有待通过教育而成熟的学生。至少就哈耶克所理解的“社会秩序”的含义来看，学生并不具有自生自发秩序建构的参与者所应当具有的条件。尽管在学生的游戏中，游戏秩序的建构乃是一个自发适应的结果。但是对于学生的学习来说，这显然是不可能的。为什么学生在游戏中能够不需要指挥而能建立起秩序而在教育中却不能够呢？这似乎和两者的性质不同有关。对于学生的游戏来说，任何游戏似乎都能够在现实的生活中找到它的摹本，它或者是模仿成人生活，或者是模仿自然。无论是模仿成人生活，还是模仿自然，那摹本中所固有的秩序已经为学生所感受并把握。同时，即便看起来好像没有刻意组织，但通过观察我们仍然能够发现，在学生的游戏过程中仍然有着非正式的组织者和指挥者。正是这种自然形成的组织者和指挥者，保证着游戏秩序的建立和维持，从而保证游戏的顺利进行。如果我们把教育也看作游戏，看作学生在教育者的带领下，对成人生活的完整模仿，那么我们就会发现，教育者就是整个教育秩序建构的指挥者和组织者。

然而，这并不意味着教育自由就必然会导致教育秩序的混乱。第一，教育情境中的学生自由，并非是指学生的任性，而是设定了学生所必须要遵守的边界。如果说秩序内含着理性的自然法则，那么学生的教育自由也是基于理性的法则。超越了这一理性的法则，那么其言行就不能算是自由的。因此，并不是学生的自由带来秩序的混乱，而是学生的任性造成秩序的混乱。第二，教育秩序所内含的理性的自然法则，在现有的社会发展水平和科学发展水平的条件下，或者是为人们所认识，因而教育秩序就是理性建构的结果；或者是人们在日常的教育交往中凭借经验和试误而无意识地把握的，因而教育秩序就是自发生成的结果。前者基于指导，后者则源自自然。但不管教育秩序是如何建立的，一旦已经建立，那么它就会成为指导教育者和学生参与教育的准则。第三，当学生的教育自由与教育秩序发生某种冲突时，需要教育者的教育权威来加以协调，即指导学生在给定的教育秩序下如何运用其自由。这不仅对于学生的当下发展是必要的，对于学生成人后成为自由的行动者也同样是重要的。

从现实的教育来看，教育秩序建立的最大问题在于，因学生权利观而引发的对于教育权威的约束问题。的确，学生的自由与教育者的权威之间，构成了一对矛盾关系。无限度地约束教育者的教育权威，将导致教育秩序建构的无效，从而导致教育的不可能；而对教育权威的过分宣称，则又会对学生权利带来侵犯。这对矛盾关系的存在，直接影响到教育秩序的存在状况。无论是从秩序的建构还是从教育的有效展开来看，教育者都拥有合法的权威。所谓的合法权威，是指成人作为教育者而拥有的那些条件，包括政府的授权或基于某种自然的权力；与此相对应的则是不合法的权威，即教育者基于身体力量对于学生的强大而拥有的权威；并且基于这种权威来指导自己的教育行动，都是教育存在的必要条件。教育者拥有对学生的合法权威意味着，学生有服从教育者的义务。而如果学生遵从服从的义务，则教育者就有权利对学生施加一定的惩罚。严格来说，教育权威不完全取决于授权，从教育的有效展开角度来看，它更多的是与教育者所拥有的由特定的道德能力、合理的权利（包括主张的权利）所证明的身份形式联系在一起的。教育权威是教育者对学生发布有约束力的指示的能力，但是这种能力并不是没有限定的，它首先要求所发布的有约束力的指示是道德的，其次它必须以不得侵犯学生的基本权利为前提。在教育者权利所不能达到的地方，则正是学生自由得以运用的领地。但是是否存在着某种固定不变的权威与自由的界限，是否权威就一定妨碍自由，却是一个不能给予肯定回答的问题。对此恩格斯指出，“一方面要有一定的权威，不管它是怎样造成的，另一方面要有一定的服从……把权威原则描写成绝对坏的东西，而把自治原则描写成相对好的东西，这是荒谬的。权威与自治是相对的东西，它们的应用范围是因社会发展阶段不同而有所改变的”。

权威与自由是相互依赖的。这种依赖并不是实践论意义的依赖，而是理论思维上的依赖。没有权威也就无所谓自由，没有自由也就无所谓权威。自由与权威在生活中的相互作用而得到的结果，或是秩序或是无秩序。无秩序是秩序的反面，是权威与自由关系失调的表征。通过权威和自由都可以达到秩序。但是问题并不在于达到这种结果是否可欲，而在于通过不同的途径而达到的秩序，这个过程本身是否会造成对人之本性的扭曲和折磨。因此，需要二者的有效协调。只有这样，秩序作为可欲的结果，才是人们所真正期望的。

第三节　教育自由的制度保障

社会是靠制度维系的，一个社会有序的运行是靠与之相适应的社会制度来保证实现的。教育的有序运行需要教育制度，教育自由的保证更需要“好”的教育制度。教育制度的生成通常有两种途径。一种是自发演进，另一种是人为设计。因此，教育制度既是客观的产物，也是主观的产物。

就客观性来说，首先，教育制度的形成、发展与变革必须遵循客观规律。教育制度是对教育规律的客观反映，就制度的产生来看，教育制度来源于教育习俗，而教育习俗是在人类长期的教育生活中，经过反复尝试、试错，发现并保留下来的，被证明是有利于教育发展的。其次，教育制度的内容具有相对稳定性、确定性。演化博弈论者史密斯和普瑞斯，通过对动物冲突研究，提出进化稳定策略，认为一旦当系统处于进化稳定状态，系统就会锁定这个均衡状态，除非有来自外部的巨大冲击。现有的教育制度是各个利益集团博弈的结果，一旦形成，必定有来自各方的压力促使其稳定。就制度的本质来说，只有稳定的制度才能取得理想的约束力，朝令夕改必定受到批判，且有损制度本身以及制定者的威严，制度也就失去了制定的意义。就教育制度的作用而言，教育制度的建立很大程度上是为了减少人们在教育活动中的不确定性，提高人们对自己教育选择与活动的预期，帮助人们做出正确的抉择。同时，教育制度内容的稳定性和确定性有利于教育秩序的建立和维持。最后，教育制度应具有普适性。柯武刚认为制度应具有普适性，并给出了普适性的三个准则："第一项准则是制度应具有一般性。换言之，制度不应在无确切理由的情况下对个人和情境实施差别待遇。哈耶克将一般性定义为'适用于未知的、数目无法确定的个人和情境'。第二项准则是，有效规则必须在两种意义上具有确定性，即它必须是可认识的（显明的），它必须就未来的情境提供可靠的指南。因此，确定性准则意味着，正常的公民应能清晰地看懂制度的信号，知道违规的后果，并能恰当地使自己的行为与之对号。……第三项准则是制度应具有开放性，以便允许行为者通过创新行动对新环境做出反应。这三项准则都已被归入普适性概念。"

就主观性而言。首先，教育制度具有可选择性。恩格斯于1894年在写给符•博尔吉乌斯的一封信中指出，"偶然性是必然性的补充和表现形式，并为必然性开辟道路。"前面我们论述了教育制度是教育规律的反映，具有必然性，但并不能因此否定教育制度的偶然性，我们在制定教育制度时，并不是按照共同的意志，根据共同的计划来制定的，如果说教育制度的必然性是基于教育本身，那么教育制度的偶然性则基于其他事物。当教育制度必然性成熟时，总会出现实现这种必然性的人，但他们如何来实现，这就要取决于许多偶然情况：如制度制定者的才能、志向、品位等，虽然对历史来说，他们只是一个偶然，但却必须承认，教育制度中留下了他的痕迹。而一项教育制度的"好"与"不好"，即促进或阻碍教育发展在很大程度上取决于这种偶然性。另外，偶然性的存在，也使教育制度具有多样性，教育规律的必然性不能脱离偶然性而独立发挥作用。教育制度作为教育规律的载体，因其是个别的，因而在人力所能及的范围内是可以选择与优化的。其次，教育制度具有可变革性。制度要持久地发挥作用，无论其内容还是形式，都必须是历史地发展着的东西，成功的制度应是不断创新的。教育制度不可能永久不变，随着社会经济的发展和人们教育需求的不断变化，教育制度应做出相应的适应性变化，以满足人们的教育需求，另一方面，人们从制度伦理的角度对某一教育制度做出"不好""不应当""不正当"的道德评价，进而形成一定的舆论压力，也是诱发制度创新的群众基础。最后，教育制度具有可设计性。教育制度的可设计性，即教育制度的主体可以根据经济的发展、教育的规律和人的全面自由发展的价值追求，做出他认为合理的、可行的、有利于教育发展的设计。持博弈规则论观点的学者认为，规则都是有意识设计的结果。制度的变迁并不是自发的，而是多方利益集团相互博弈的结果，博弈的过程也是制度设计的过程。

邓小平曾经说过："我们过去发生的各种错误，固然与某些领导人的思想、作风有关，但是组织制度、工作制度方面的问题更重要。这些方面的制度好可以使坏人无法任意横行，制度不好可以使好人无法充分做好事，甚至会走向反面。"在本书中，好的教育制度即意味着有利于促进人们的教育自由，促使人全面而自由的发展。那什么样的教育制度是好的合理的制度，笔者认为好的教育制度应该具备以下条件。

一、教育制度应当以人为本

教育制度应当以人为本，迎合学生的天性和个性多样化发展的需要。人是教育的中心，是教育的目的也是教育的归宿，教育要以人为本，就是要把教育与人的发展和幸福联系起来，而不是把人的发展限制在牢笼之中。

学生有自我生长的能力，且学生的生长有天然的顺序，好的教育应该顺应学生的天性。卢梭说："大自然希望学生在成人以前就要像学生的样子，如果我们打乱了这个秩序，我们就会造就一些果实早熟，它们长得既不丰满也不甜美，而且很快就会腐烂：我们将造就一些年纪轻轻的博士和老态龙钟的学生。学生是有他特有的看法、想法和感情的；如果想用我们的看法、想法和感情去替代他们的看法、想法和感情，那简直是最愚蠢的事情。我宁愿让一个孩子到十岁的时候长得身高五尺而不愿他有什么判断的能力。"此外，就单独的个体而言，每个学生的天赋和发展需求都是不同的。费瑟斯通认为："学生都是独一无二的。这一个性不仅是一种不可否认的现实，而且，还是一套重要的、说明如何抚养和教育学生的线索，就像聪明的家长明白，姐姐和弟弟是不一样的，必要时要创造一个良好的学习环境去发展孩子特殊的兴趣和热情，倾听每个孩子的呼声是教学以及家庭教育的核心内容。"而这有赖于多样化的教育制度的建立。不同的教育制度对人的个性发展有着不同的影响，传统教育制度多倾向于划一性的教育制度，即崇尚单一化、统一化、标准化。它们通常以国家的目的为教育制度制定的依据，这种带有强制性的整齐划一，束缚了学生的想象力和创造力，牺牲了学生的个性发展。而"人之为人的特征就在于他的本性的丰富性、微妙性、多样性和多面性"。划一性的教育制度却忽略了这一点。而可选择性的教育制度则具有多样性，根据不同人的不同情况提供多种教育模式、教育类型，提供多样性的教育制度安排，使每一个人可以有更多的机会，按照自己的兴趣、需要和特点选择最适合自己的教育。首先，可选择性教育制度主要体现在以下方面：就制度本身来说，它允许学校类型的多样化，让学校有自己的特色，而不是同样的形态；它允许公立学校与私立学校并存；普通教育与职业教育并存；入学方式的多样性；课程设置的多样性与可选择性；教育教学形式与内容的可选择性以及受教育者与家长的教育选择权。正是由于教育制度的可选择性，才使得学生个性多样化的发展成为可能。在现实教育活动中学生能根据自己的需要和兴趣选择学习内容、学习目的、学习方法和学习实践的权力。其次，在道德发展上，个人拥有选择自己认同的道德理想与原则，追求自己幸福的权利。最后，个人能根据自己选择的知识及价值观，获得个人的发展，创造自己独特的精神气质。

首先，以人为本的教育制度要明确受教育者的自由身份。教育制度对教育自由的保障首先要明确受教育者的自由身份。为此，教育制度必须排除干预、控制和奴役，只有这样，受教育者才能得到全面自由的发展。如果在学校中，受教育者是一个被塑造者、被改造者，他们的言行受到学校或者教师的监督和限制，他们学习的知识是被筛选过的，他们不仅没有学习的自由，甚至他们不是作为自由身份的人生活在教育中，他们随时可能受到监视、训练、干预和惩罚。缺乏自由的身份，就会使本身稚嫩的孩子处于一种缺乏保护的脆弱状态，在学校和教师的强势之下，他们只能畏惧、屈服、顺从，处于一种他治的状态。这种他治的状态是个人自由的毁灭者，也是教育自由的毁灭者。密尔曾说："我们制度的终极目的正是如此：我们可以思考自己喜欢的，可以说出自己所想的。""我们永远不能确定自己所奋力压制的看法是错误的；即便确定了，对它的压制也是个错误。"所以，教育制度应该首先保障受教育者的自由身份，为他争取更多的教育自由创造条件。

其次，以人为本的教育制度要为人性的发展提供最基本的自由保障。好的教育制度应该追求自由。自由是教育制度的最高目的，教育制度对学生的约束，必须是建立在为了学生全面自由及个性多样化发展基础上的，是为了创造良好的教育秩序，使人人享有平等教育自由而建立的。

教育自由要约束权威，消除教育的规格化。哈耶克、罗素等都明确表示了对国家干预教育的担忧，尤其是在普遍公共义务教育的情况下，所有的教育都被一定的价值观所指导，为特定集团的利益服务。"在国家教育制度下，所有基础教育都有可能被某一特定的群体所持有的理论观点所支配，亦即那种想当然地以为其拥有着解决那些问题的科学答案的群体；特定群体支配教育这种可能性的存在，足以警告我们：将整个教育制度置于国家管理或指导下，切切实实地隐含着种种危险。”

在此基础上我们要特别警惕学校潜在课程对学生的规训。“在学校里学到的很多东西同课程的正式内容没有多少关系。学校倾向于通过纪律和管制来灌输被动消费（passive consumption）——对现有社会秩序不加批判地接受。这些可能并不是有意识地进行传授，而是隐含在学校的程序和组织中。潜在课程告诉学生他们在生活中的角色就是‘知道他们的位置，并一动不动地待在那里’。”尽管自由在教育中被尊重，但教育中的权威是不可避免的，学生必然或多或少听命于教师，如果学生被教授某些东西，他们便会产生“自由”的偏离。

虽然自由一开始是以消极形式出现的，它谴责对自由的干涉，但教育本质上是建设性的，它需要构建美好生活的积极概念。除了对儿童的约束外，现代教育制度更应该提倡积极的教育自由，鼓励人们努力争取教育自由。首先，教育应该为学生提供丰富的教育资源，使得他们全面自由的发展成为可能，同时，教育通过提供制度保障，确保教育资源平等利用。在此基础上进行公平的教育竞争，使稀缺的教育资源得到有效、合理的配置。以防止不正当的教育竞争。其次，教育自由应保证给受教育者提供更多的选择机会，使他们能够按照自己的设想，选择成为他们自己。罗尔斯曾说：“社会的制度形式影响着社会的成员，并在很大程度上决定着他们想要成为的那种人。”教育制度通过向受教育者提供更多的选择机会，实现其全面自由的发展，同时它通过其自身的机制使得教育活动参与者能预期与他们教育选择相对应的结果（物质的或精神的），使他们根据自身需要自由权衡选择。

再次，以人为本的教育制度应该是平等的。好的教育制度应该是平等的，自由并不是任何人的特权，而是人类精神的普遍权力。自由与平等是天然地联系着的。如若允许一些人拥有自由支配他人的特权，人间便无自由可言。也就是说，没有平等便无自由可言。威尔基曾说：“自由是一个不可分割的词语，我们若想享受自由并为之而战，就必须愿意把它扩展到每个人身上，无论他们富有还是贫穷，无论他们同意还是反对，也不论他们的种族和肤色如何。”

教育制度保障人的教育自由，首先要确定任何教育制度都应当平等地适用于人人，以及人人享有平等的教育自由。“自由意味着，也只能意味着，我们的所作所为并不依赖于任何人或任何权威机构的批准，只能为同样平等适用于人人的抽象规则所限制。”教育自由一方面要求教育制度确认受教育者平等的自由身份，同时，必须要实现受教育者权利的平等。只有保障受教育者享有权利的平等，才能保障他们在教育中获得同样的发展机会，且避免任何外在的干预及歧视。所以，教育必须要创造权利平等的条件，比如丰富的教育资源、教育机会，以保障受教育者在每个教育阶段获得丰富的教育机会以及教育资源的支持，从而避免因机会和资源不足造成的失败。当然教育机会和教育资源不可能绝对充足，所以，教育只是尽可能提供丰富的教育资源及机会。

同时，教育制度要保障教育自由，维护在教育资源和机会的竞争中的公正，就必须尽量降低因政治和经济的不平等带来的不公正。因为“实际具体在机会与行动上的自由依赖于政治和经济条件平等化的程度，只有在这种平等化的状态之下，个人才有在事实上的而不是在某种抽象的、形而上学方式上的自由”。经济的不平等是所有社会制度的一个永恒特征。在自由市场制度中，不可避免地会产生不平等。平等并不是像过去的左翼政治家所说的把富人的财富分给穷人，因为这种做法始终无法消除贫困。新的平等观则强调“机会的平等以及多元主义和生活方式多样化的重要性。”正是对不平等的理解的变化，使得在经济不平等存在的情况下，我们社会的其他方面日趋平等。“解释贫困有两种主要方法。第一种，‘贫困文化’和‘依赖文化’的论点宣称，贫困者要为自己的困境负责。由于缺乏技巧、缺少动力和道德上的缺陷，贫困者无法在社会上取得成果。他们中的一些人变得依赖于外部帮助例如福利救济，而不是自助。第二种研究提出贫困是社会过程的结果。这包括资源的不均衡分配和难以应付的情况的出现。贫困并不是个体不完善造成的，而是结构不平衡的结果。”政府在减少结构不平衡造成的贫困方面负有主要责任，并发挥了重要的作用。而教育就是国家福利的一部分，虽然福利服务因国家而异，存在一定差别，但却得到了几乎所有国家的认同。可以想象，若“孩子受教育机会程度的大小，视其父母财富的多少而定，这种观点实在堪称野蛮”。教育制度则是具体的保障教育平等的手段。它保障每个人平等地享有教育自由，每个人享有平等的教育自由。西季威克指出，“如果一条法律是用一般术语表达的，那么这条法律的概念本身就包含着一般的平等。同样十分明显的是，法律可以被平等地实施而同时又是不公正的。”由于学生天赋和社会地位的差别，为了平等地对待所有人，提供真正的同等的机会，罗尔斯提出了差异补偿原则，并以此来分配教育资源，使得地位不利者能获得长远发展的机会。因为“教育的价值不应当仅仅根据经济效率和社会福利来评价。教育的作用是使一个人欣赏他的社会文化，介入社会的事务，从而以这种方式提供给每一个人以一种对自我价值的确信。教育的这一作用即使不比其他作用更重要，至少也是同等重要的”。

人的社会地位并不是一成不变的，尤其是现代社会，社会地位不是继承，有着流动变化。而教育往往是社会流动的渠道，它是导致社会分层并改变社会个人在社会层次上流动的基本要素。教育可以复制社会的不平等，同时也可以减少和缓解社会的两极分化。也就是说，教育不仅体现着社会中的平等，而且也是社会中平等的影响源。如果在教育资源和机会上原本就存在着巨大的不平等，而制度所安排的竞争结构强化着不平等，那么这种制度就不能保障我们的教育自由。“教育制度可以通过其自身逻辑的作用使特权永久化……不平等的社会因素作用巨大，它可以使教育制度在经济条件平等的情况下，把社会特权转化为天资或个人学习成绩，从而不中断地维护不平等。表面的机会均等实现得越好，学校就越可以使所有的合法外衣服务于特权的合法化。”教育必须创造平等的教育条件，没有这样的条件或不去创造这样的条件，就意味着这样的教育并没有把教育自由作为教育的价值追求，在一定条件下，这样的教育制度便会成为压制、歧视甚至奴役的工具。一种好的教育制度不是要保障教育的表面平等，而是要保障教育的实质平等。“对社会不平等的不认识，导致了以天生的即天资方面的不同来解释所有的不平等，特别是学习成绩方面的不平等。在一种制度的逻辑里，存在着类似的态度。这一制度的基础和运转条件是所有受教育者的表面平等。而这一制度通常通过竞争性的考试来实现。如考试完全保证考生的表面平等，却以不具姓名的方式根本不考虑他们在文化面前的实际不平等。”所以在竞争中我们应该考虑社会不平等并给予适当的补偿原则，这种不平等包含经济条件的因素和文化的因素。比如，义务教育、希望工程、奖学金助学金制度，都是通过经济上的支持，实现教育机会的公平，使受教育者拥有接受教育、竞争教育资源的机会。此外，我们还应该考虑文化上的不平等。比如不同民族拥有不同的语言、习俗、文化，若用统一的考试标准，则造成他们在文化面前的实际不平等。

最后，以人为本的教育制度应该是正义的。自由与正义有着不可分割的关系，罗尔斯认为正义应该是“作为公平的正义”而存在的，正义意味着平等的自由，即一个人无权为自己的自由而损害他人的自由，不能把自己的幸福建立在他人的痛苦上。罗尔斯说，“正义是社会的首要价值，正像真理是思想体系的首要价值一样。一种理论，无论它多么精致和简洁，只要它不真实，就必须加以拒绝和修正；同样，某些法律和制度，不管它们如何有效率和有条理，只要它们不正义，就必须加以改造或废除。”因此教育制度必须保障平等的教育自由是确定不已的，且不受制于政治教育或社会利益的权衡。教育制度明确了教育中的权利和义务以及教育利益的分配，“作为公平的正义”的教育制度必须满足这样的条件，“在某些制度中，当对基本权利和义务的分配没有在个人之间做出任何意义的区分时，当规范使各种对社会生活利益的冲突要求之间有一恰当的平衡时，这些制度就是正义的。”即当教育制度致力于保障每个受教育者平等教育自由时，那么它就是正义的，任何正义的教育制度，都不能以侵犯学生的自由为代价。

教育制度的正义，首先要确保制度本身的正义，“如果真的是法律使我们获得了自由，那么这里的法律只能是那种抽象且一般意义上的规则，或者是我们所指称的‘实质意义上的法律’（law in the material meaning）；这里需要强调指出的是，这种实质意义上的法律，乃是在法律规则的性质上而非在这些规则的渊源上与那种仅具形式意义的法律（law in the merely formal sense）相区别。作为一种具体命令的‘法律’，亦即那种仅因为它产生于立法当局就被称为‘法律’的命令，实质上是一种重要的压制性工具”。正义的教育制度确保受教育者享有平等的教育自由，为学生的全面自由发展和个性多样化服务，而不应该处于政治或利益集团的控制之下，服务于国家意志的形式上的教育制度。教育制度应内含着教育理想与教育价值追求，符合教育规律，这才是实质意义上的教育制度。其次，还应该建立教育制度运行的公平机制。第一，要建立教育资源配置的平衡机制，确保教育起点公平，即应该免除任何形式的特权，给具有同样发展潜力的社会成员以同样的起点，保障教育资源平衡配置的制度应使用于任何人。第二，给受教育者更多地参与决策的权力，最大限度地整合、平衡各个利益集团的要求，保障绝大多数成员的教育需求和利益在教育制度中得到体现。当然，我们并不能以更多的人的教育利益而牺牲少部分人的教育利益，正义要求每个人享有平等的自由，因此教育制度正义的最终追求是保障所有人的教育需求和利益的体现，而现在，它只是教育制度完善过程的一个不成熟阶段。我们忍受一项不正义的教育制度只能是在需要用它来避免另一种更大的不正义的情况下才有可能。第三，我们应该建立弱势补偿的制度机制，加强对弱势群体的补偿力度，进而促进教育的整体发展。弱势群体是指由于历史、政治、经济、文化等原因而处在不利地位的人。教育正义要求人人享有平等的自由，而平等的教育自由意味着教育机会的获得不受政治、经济、历史、文化等差异的影响。对弱势群体的补偿有利于他们获得教育带来的利益，促使教育公平。最后，确保教育制度的操作公正。有了公正的教育制度，对它的执行必然包含着操作公正的问题。由于制度的实施总是要依靠人的，而人的不公正（例如出于个人利益、感情、权钱交易因素），往往导致好的教育制度无法得以实现。因此我们应该做出相关规定，将操作步骤合理化、程序化，固定下来，形成公正的操作程序，保证操作的公正。

二、教育制度应该是公知且确定的

真正的教育制度应当是公知且确定的。我们可以确定地说，教育制度的确定性，对于教育有效且顺利地运行具有不可估量的重要意义。西蒙曾说：“我们所有的人，在如何完整地筹划我们的行动上，在复杂的世界里所能达到的理性上，都受到极大的限制。而制度则为我们提供了一种稳定的环境，使我们至少可能达到微弱的理性。例如，我们能可靠地预料到，如果朝某个方向走上一程，就可以找到一家食品店，并且它明天还会在那个地方。靠着制度环境的这种稳定性，以及其他许多没有什么疑问的稳定性，我们就可能对自己的行动后果，进行合理而稳定的规划了。因此，我们的制度环境，就像我们的自然环境一样，在我们周围设置了一套可靠的、可感知的模式。我们没必要非得理解产生这些事件的根本的原因机制，或这些事件本身的全部细节，而只要了解那些影响我们的生活和需要的少数模式就足够了。我们所生存的环境（社会环境和自然环境）的这种稳定性和可预见性，允许我们在有限的认知能力和计算能力的约束下，去应付我们所面临的问题。”同时，教育制度应当是公知的，即具有透明度，只有公知的教育制度才能被普遍遵守，为此，我们要加强对教育制度的宣传与普及。

三、教育制度应当反映客观教育规律

好的教育制度应当是反映客观教育规律的，即教育制度应该合乎人的身心发展与教育发展的客观规律。人是生活在社会中的，人的任何活动都必然受到社会客观必然性的制约。教育活动作为人类社会活动的一种，必然受到教育规律的制约。为了获得教育自由，人们不得不努力认识这种规律，并自觉不自觉地按照其要求的方式行动。而遵守教育规律的过程也正是人们积极主动争取并获得教育自由的过程。所以，好的教育制度必须要反映客观必然性，否则，它将把人们对教育自由的追求引向歧途。另外由于教育制度是人为制定的，不可避免地受到制定者立场、观点、阶级和利益的影响，因此，它可能是合理的，也有可能是不合理的。因此，要知道一项教育制度是否是好的教育制度，就应该看它是否反映了客观的教育规律，是否给人们带来更多的教育自由。

第四章　教育自由的限度

教育自由的限度问题，是一个有关教育自由的条件问题，即在怎样的情况下，学生在教育中的自由是正当的，在何种条件下学生的自由是非正当的，因而从学生的发展来看是需要加以干预的。从广义上说，教育自由的限度问题涉及在上一章所讨论过的教育自由的领域问题，即在哪些方面学生是自由的，在哪些方面学生则必须服从学校和教育者的管教；也包括本章要讨论的内容，即教育自由应当受到怎样的约束。从狭义上讲，教育自由的限度，主要涉及后者。这其中有些问题必须澄清，诸如为学生的教育自由设限是否为正当合理？学生的教育自由止于何处？学生的教育自由的限度应当根据何种原则来确定？当学生在教育中超越自由的限度而必须施以恰当的强制时，教育者应当遵循怎样的精神？

第一节　教育自由限度的特性

从教育自由到教育自由的限度，预示着一种基本立场的展现，即对于教育专制和对极端的教育自由的拒斥。教育自由只有在既满足教育的要求又满足基本自由理念的要求下，才能够获得实践的生命力。因此，设定的学生教育自由必须要将教育的要求和自由的要求统一起来，以使学生能够在教育自由中获得真正的成长和发展。

一、“教育自由限度”的意蕴

“教育自由的限度”这一表达形式，表明这样一种观点，即学生在教育中的自由是受到一定限制的。自由有一个“自由度”。“自由度”即给定的自由的边界。在给定的边界内，学生是自由的，然而一旦超越了这个边界，则学生就要受到来自教育者的管教与约束，否则，他就可能会失去他将在未来所拥有的自由。教育者对学生的管教与约束，并非是学生的教育自由的丧失，而是确保学生的任意行为恢复到自由的状态。教育自由的限度表明，学生的教育自由乃是有条件的。那么学生在教育中的自由受到限制意味着什么呢？一种社会契约理论或许可以用来对此加以说明。这种社会契约理论在解释社会的形成时指出，社会的形成是“每个结合者及其自身的一切权利全部转让给整个集体”，每个人都把自己奉献出来，那么依逻辑他就没有向任何人奉献出自己。这种奉献的结果就是每个人所获得的是“社会的自由以及对于他所享有的一切东西的所有权”。基于社会形成的契约理论，本书认为，教育自由的限度乃是学生为了自己的发展，同时也是为了整个社会的延续而要转让出去的自己的部分自由。这种转让出去的自由，构成了社会教育学生的权力。它是人类社会出于其自身保存的考虑而同意的。当社会总体获得了学生的被转让的自由，那么它就成为教育强制及教育者对学生管教的基础。学生部分自由的转让并非出自学生的同意，而是出自整个人类的同意或约定。当学生试图违反这种约定的转让，而超出他原来的自由的范围和限度时，教育者就有权力对它施加强制和限制，迫使他回到原来的自由状态。学生自由转让的结果则是社会教育意志的形成。社会教育意志构成了教育权利的基础，从而为学生的教育自由提供了保障。没有这样一个根本的保障，就不会有学生在教育中的自由，也就不会有真正促进学生个性发展的教育。

从这里我们可以看出，学生的教育自由与其教育自由的限度恰好构成了一对矛盾关系。因为当学生的自由超出了这个限度时，则意味着教育自由的反面——教育强制的出现。此前我们已经区分出强制性的教育与教育的强制性的不同。这里所说的教育强制并非是在后一种意义上说的，而主要是针对前一种意义说的。

但是即便如此，这种教育强制也属于暂时性的而非永久性的。它可能表现为某种权利的或某种机会的暂时剥夺，或者是处于某种暂时的管制状态之中，或者表现为某些特殊的教育手段的实施，如惩罚。一旦情境发生改变，那么学生的教育自由便应当给予恢复。以教育自由度为界，一边是教育自由，另一边则是教育的不自由。而这个度就是教育自由的条件。当学生在教育情境中超越了教育自由的限度时，它就必然要带来教育强制的后果。

无论是在教育实践史中还是在教育观念史中，可以说既不存在绝对的教育自由，也不存在绝对的教育不自由。绝对的教育自由与绝对的教育不自由的共同之处，在于它们都没有“自由度”这个概念。自由度这个概念的提出，是现代社会中的教育与自由的双重要求所致。教育自由的限度，乃是学生所拥有的教育自由而必须承担的负担，或一种责任——对自己及对他人的负担和责任。在法律中，它表现为学生相对应于他的能力而必须履行的义务。人要得到什么，就必须为之付出什么。要得到财富，就必须付出体力、辛劳或智慧；要得到荣誉，就必须付出比平常更多的东西；要得到美德，就必须参与共同体的公共生活；而要得到自由，就必须承受自由所要求的对他人自由尊重的承诺；而要得到教育自由，则学生就需要做出对自己及对他人负责的双重承诺。教育自由的限度，为教育自由由理念转化为实践提供了可靠的保证，也使得教育自由在实践中成为可能。因为对于教育自由来说，自由度概念的存在意味着所有学生都能够运用教育自由，而不至于成为对其自身和对他人的妨碍。

二、对学生教育自由限度的正当性辩护

那么这个自由度的设定是必要的吗？这个问题涉及两个方面。一是，这个自由度的设定是正当吗？二是，这个自由度的设定是恰当的吗？前者关涉到要不要或应当不应当确定教育自由度问题，后者则关涉到所确定的自由度是否合理的问题。尽管是两个不同的问题，但二者并不是没有关联的。自由度确定的合理性，乃有赖于自由度的正当性。

在一般意义上，使用“正当性”所表明的是，人们对所论及的事物的赞许和认可，认为它是好的、对的，因而是值得被肯定与接受的。正当性是评判某事物或某活动的绝对的价值基础。一般而言，在持有某种共同的价值观的前提下，正当的必定是合法的，然而合法的却不一定是正当的。因此，在正当性与合法性之间存有根本性的区别。施米特在《政治的神学续篇》中明确指出，“靠一种强调理性和‘合乎法则的’认识来进行的辩护，标明的不是正当性，而是合法性。……自由意义上正当与作为强制手段的法则决然对立。……正当性的意思是符合正义的，合法性的意思是合乎法则的”。换言之，合法性意指某种社会秩序、制度或行动符合某种既定的法则和程序，而正当性则意指某种社会秩序、制度或行动合乎或者能实现某种更高的价值，某种当然之理，某种“正义”。施米特的分析是正确的。正当性显然不同于合法性。因为从正义理念的角度上看，法本身可能是正当的，也可能是不正当的。

从施米特的结论出发而把正当性理解为“符合正义的”，那么要为教育自由限度的正当性辩护，就必须确定“正义”的含义。但这样一来，我们就可能会陷入一个极其复杂的问题域之中。因为从观念史来看，不同的历史时期，不同的哲学体系和正义理论，人们对“正义”的理解是不一样的。这种不一致性又带来人们对“教育正义”理解的纷繁多样。亚里士多德“相同的人同等对待，不同的人不同对待”的正义观念，使得对不同阶级的学生施以不同的教育，乃是正义的教育，或教育的正义所在。因此，奴隶子弟不接受教育也是正义的。在柏拉图的《理想国》中，基于人的不同品性而施以不同教育的等级制的教育也是正义的，因为它符合柏拉图的等级秩序的正义理念。而在罗尔斯的正义论中，只有那对最不利的学生施以更加良好的教育才是正义的。由此来看，不同的正义学说有不同的正义理念，每一个正义学说都宣称它的正义理念是绝对的、永恒的。那么我们又该如何去把握这个概念呢？

从正确地指导人类的教育事务的实践出发，我们认同时代的正义理念，即“每一个人的全面而自由的发展”。因为，教育理论的意义和价值在于它的实践性。倘若教育自由的理论不能够立足于教育实践，并能够运用于教育实践，那么这样的理论便没有了现实的基础。我们认同这样的正义理念，是基于三个方面的考虑。第一，“每一个人的全面而自由的发展”是由马克思主义的经典作家经过理论思考而得出的结论，因而是得到充分辩护的。第二，马克思在《共产党宣言》中宣布，“代替那存在着阶级和阶级对立的资产阶级旧社会的，将是这样一个联合体，在那里，每个人的自由发展是一切人的自由发展的条件”，未来社会是“以每个人的全面而自由的发展为基本原则的社会形式”。虽然我们还没有达到那“每个人的自由发展”的阶段，但是总体上看“每一个人的全面而自由的发展”与本书所说的学生的教育自由是不矛盾的，因而它能够也应该是符合我们这个社会教育的基本正义理念的。第三，尽管它还具有不完全现实性，但恰恰是这种不完全现实性，昭示着这一正义理念的必要性。

正当的就是符合正义的，而正义就是“每一个人的全面而自由的发展”。教育自由的限度的正当性，就来自于教育自由本身是符合教育正义的，即符合“每一个人的全面而自由的发展”这一基本的正义理念。这可以从以下几个方面来理解和把握。首先，学生的教育自由意味着每一个学生的教育自由，每一个学生的教育自由是其全面而充分发展的条件，也是其个性发展的条件。只有当每一个学生的教育自由不妨碍其他学生的自由发展，每一个人的教育自由才能得到保障。从这个意义上说，教育自由的限度是正当的，或者说是符合正义的理念的。其次，当我们说“教育自由的限度”时，则意味着“教育自由”本身的相对性和条件性。这可以从“发展”这个概念的意义来看，个体的“发展”是教育的最终目的。“自由”则是发展的手段和条件，但不是发展的全部手段和条件。自由发展的重心落在个性与人的多样性上，而教育还需要促进人的全面发展。为此，“教育自由的限度”实际上使得学生的教育自由受到某种既定的价值观的指导。也许有一种不同的意见认为，所有的正义理念，都要求自由要有一定的限度，不独是马克思主义的正义理念有这种要求。这种观点不能说是错误的，或者说它在一定程度上道出了自由与正义的相互关系的真理性。但是这种说法的不足在于，它仅仅是提出了正义对于自由的一般要求，而没有提出相关的实质性规定。而这种实质性规定对于教育来说是不可缺少的。当我们提出“学生的教育自由”时，我们需要一种价值观的引导，并以此来调整它在实际运用过程中可能带来的负面影响和消极作用。从这个意义上讲，“每一个人的全面而自由的发展”恰恰能够实现这一基本的目标。

需要特别指出的是，要谨防“正当的即合法的”这样的命题。因为这种命题一旦成立，那么在实际的教育生活中，就可能会出现这样一种情形，即那些拥有特定权力和资源的少数人有可能通过法律的形式而将非正当的存在合法化，从而达到为其个人谋取私利这一目的。同时也可能是这样一种情形，即大多数人将其利益合化法，从而谋求其行为的正当性。两种情形都有可能导致以“合法性”来掩盖其行为的不正当性。概言之，合法的不等于是正当的。只有当合法的又是合于正义的时候，合法的才是正当的。只有当教育法律真正体现“每一个人的全面而自由的发展”这一正义理念时，合法的才是正当的。

那么教育自由的限度的正当性或它的符合正义的要求何在呢？“限度”的存在意味着学生在教育情境中的言行等受到某些方面或一定程度上的限制。首先，教育自由的重点在教育。自由作为人类据以行动的价值固然重要，但从教育的角度来看，因自由带来的人的多样性发展和个性发展，才是教育自由的根本所在。教育自由，其价值在于释放学生个性发展的空间，增大学生个性发展的可能性。但是如果这个空间和可能性放大到已经影响到学生全面发展或其他学生的发展，那么就必须给予适当的限制。其次，教育自由的主体在学生。教育自由固然是学生个体的自由，但从概念所指向的对象来看，它必然包括所有教育中的学生，即每一个学生的教育自由。因此，限度表明，学生的教育自由不能影响其他学生的教育自由。“每一个”在这里具有符合正义理念的根本性要求，即当人们说到“正义”时，它必定是对所有人来说都是正义的，或者至少每一个人都认为它是正义的。限制了每一个个体，同时这种限制对于每一个人都是同样的，这就意味着它同时也保证了每一个个体的不受限制。最后，教育与自由的结合，也使得教育自由的限度成为必要。教育与自由的结合虽说艰难，但并非不可能。我们不把具有极端取向的教育自由视为正当的，因为它所带来的，恰恰是它想实现的反面。它突出了自由，却遗忘掉了教育；或者是突出了教育而忘掉了自由。如果教育自由是一种没有教育的自由或者没有自由的教育，那么这样的“教育自由”还是不要为好。

三、确定学生自由限度的理据

一般来说，当个体在主张其自由时，只要行为表明不具有损他性，就足以证明其自由行为得到他人的赞同，而获得正当性。由此，自由的正当性的条件就是主体的自由不具有损他性。但是，这样的辩护适应于学生的教育自由吗？

显然，教育自由限度的正当性，所要表明的，正是教育者对学生的教育自由提出的要求。似乎，如果说“不具损他性”是学生自由正当性所在，那么“损他性”就成为教育自由限度的正当性所在。但是这样的说法隐含着一个有可能引起争议的问题，即在这里我们是把学生的教育自由等同于成人的自由，因而我们是在用演绎法将一条普遍的原则推广到一个特殊的群体之中，这种演绎推理的思维方式在学生的教育自由领域是否合理？应该说这样的质疑是非常有道理的。因为，人的社会活动与学生在特定情境中的教育活动，仍然存在着逻辑上的差异，即学生的行动不仅要考虑到对他人的影响，而且还要考虑到对他自己的影响。在社会活动领域中，一个人的自由是否会影响到他自己，别人无权去干预。只有在他的自由影响到别人时，对他的自由加以干预才具有了正当性。但是在教育中，不损害他人并不能表明就不损害自己，而根据《学生权利公约》所确立的“学生利益最佳原则”，一方面必须保证学生的教育自由不损害其他人的教育与未来发展，另一方面也必须保证学生的教育自由不损害他自己的教育与未来发展。这两个方面也许在实践中不一定同时存在，但却在逻辑上是要同时保证的。我们把前一个条件称之为教育自由限度的消极条件，而把后一个条件称之为教育自由限度的积极条件。消极的自由条件乃是适用于所有人的自由条件，而积极的自由条件则只适用于学生。《中华人民共和国宪法》第五十一条规定：“中华人民共和国公民在行使自由和权利的时候，不得损害国家的、社会的、集体的利益和其他公民的合法的自由和权利。”这一规定乃是原则的规定，但是这个规定却明确地指出了公民拥有的限度或条件问题。在这里我们可以看到，“不损害”乃是其中的核心思想。这一原则规定为我们思考学生的教育自由的限度，提供了坚实的思想基础。

对于有关学生教育自由的限度问题，教育观念史已多有论述。无论是在自由主义的教育思想家的著述中，还是在非自由主义的教育思想家的著述中，我们都可以发现相关的论述。最早明确论述学生自由限度问题的是康德。康德指出，“应该从孩子一进入童年开始，只要他没有妨碍别人的自由，比如大喊大闹以致影响到别人，就在各方面都给他以自由（只有在他可能会损害自己的情况下例外）；必须向他表明，只有在他让别人也实现自己的目的时，他才能达到他自己的目的；必须向他证明，向他施加一定的强制，是为了指导他去运用自己的自由，人们对他进行培养，是为了他有朝一日能够自由，即不再依赖他人的照料”。康德在论述中所加括号的一个原则对于学生的教育自由来说，乃具有特别重要的意义。因为，恰恰是这个加括号的“例外原则”，使得学生的教育自由的限度与成人自由的限度得以区别开来。从康德对于培养自由人的原则要求来看，个体与他人的关系问题，是在实施教育强制时必须时刻关注的问题。这包括两个方面的内容。一是学生个体如何对待他人的问题。就此而论，个体对自由的运用，涉及不“妨碍别人”和“让别人实现自己的目的”。其实这二者在某种意义上具有同质性。因为这二者都涉及学生在与他人交往所应持有的自由准则。二是学生个体如何对待自己的问题。如何对待自己也涉及两个方面，一方面是学生的任何行为都不得伤害自己。这种伤害应该包括身体的伤害和精神的伤害。因此，如果学生的行为明显的不利于他将来成人后对社会的适应性，教育的强制便将降落到学生的身上。另一方面，学生学会将来照料自己，即学会谋生和自持的技能。学生个体如何对待自己的两个方面（前者是消极的，后者是积极的），是从学生的发展出发来考虑问题的。康德的例外原则表明，学生的行为只有在满足两个条件下才是既在理论上也在实践中可充分辩护的。教育的任务首先在于保证学生的发展。每一个时代都要对“学生发展”的意义以特殊的理解，并赋予它以特定的内容，但学生发展本身却是总被人们所运用的一个概念。同时学生不仅生活在受教育者的同伴之中，也生活在社会之中。他的行为必须保证具有不损他性。“凡主要关涉在个人的那部分生活应当属于个性，凡主要关涉在社会的那部分生活应当属于社会”。人生活在社会之中，对于社会就必须遵守某种行为准则，以使自己对于他人彼此不损害利益、承担社会所施加于他的义务。而如果个体不能够做到，那么社会就有理由对他实施强制。

换一个角度来看，教育自由限度的正当性亦即教育强制的正当性。理智上可以把学生的自由行为域区分为受限制的和不受限制的。两者之间应该有一个分界点，尽管在实践中这个分界点很难区分。受限即行为受到干预，且这种干预不应当被他人以任何理由而谴责，无论是道德上的还是法律上的。如我们在上段中所讨论的，将“损他”作为教育限度的条件是不充分的，这也意味着，损他固然可以为强制提供一条充分的理由，但仅仅是以损他作为教育强制的充分理由，是存在严重的缺陷的。因为如果仅仅如此，那么学生的自我损害就具有了教育者不得加以干预或强制的正当性。为此，必须考虑将“损己”作为另一个重要的指标，以表明教育强制的不可指责。那么这两者之间具有怎样的关系呢？或者说二者之间能否统一起来呢？可以说尽管“损他”与“损己”所处理的是不同的关系，但是它们都可以统一在教育最终所要培养的人身上。问题在于，关键是要为这种统一找一个比较说得过去的概念。应当看到，历史上曾经有过无数不同的概念来表达这种统一。“君子”“公民”“绅士”“贤人”等，是以理想的人格形象来表达这种统一的理念，“和谐发展”“全面发展”“自由发展”等，则是理想人格所应具有的素质来统一这种对立关系。但不管是以何种方式来统一“人我关系”，一个具有这种概念所要求的人，是应该能够很好地处理这种关系的，即在他自由行动时，他应该是一个既不损害他人又不损害自己的人。这样的人，乃是在一个满足教育自由限度的两个条件的教育中成长起来的人。或者说一个经教育而成长为符合教育理念的人，能够很好地处理对待他人以及对待自己的关系的人。这样的一个人，就是一个自由的人，一个其行为服从内在理性和外在规范的人。

因此，实质上也就是教育的正当性要求。教育自由的限度，蕴含着社会对学生合理的期望，既具有一般自由概念的共同的约束性质，也具有较一般自由概念所不同的特殊性。前者把学生当作人来看待，后者则必须把学生看作受教育者。第一，任何时代的任何自由概念，都是一个受到约束的有限性概念，都必须服从于某种本质性要求。洛克的自由概念乃服从于理性的要求，康德的自由概念服从于道德律令的要求，卢梭的自由概念是以公意为前提的。尽管这些自由的概念所设定的条件有差异，但承认一个与个体密切相关的他者的存在，并且承认他者具有与自己同样拥有的自由。外在的限制是自由的保障。只有当每个人都服从这种外在的限制，每个人才能够获得同样的自由。第二，学生的教育自由，较之一般的自由概念，乃具有双重的约束性。首先，它必须服从于教育的要求，即服从培养学生健康成长的需要。不能站在学生的立场上来看待自由，因为学生尚不具有有关自由的概念，教育的意图之一就是使他在教育过程中获得这样的概念。其次，它必须从学生的理性特征出发，服从于学生那个年龄特征的要求，服从于自由的理性要求。理性所阐述的自由概念，是以理性的具备为前提的。学生的理性特征使得他较成年人的自由，有着更多的约束。

从提出学生的教育自由，到学生的教育自由的限度，并不意味着要退回到学生在教育中无自由的历史时期，而是着眼于两个方面的考虑。一方面，在教育自由的限度中，使学生认识到，即使是成年人，在与他人的交往中，亦必须遵循自由所设定的约束性要求，不存在放任的或无限制的自由。要让学生明白，放任的或无限制的自由将导致全体社会成员的无自由。设定教育自由的限度，是为了让学生学习运用社会所能确定的自由。另一方面，在教育自由的限度中，还要使学生认识到，自由并非是我们这个社会绝对的或最基本的价值。充其量，它是诸社会价值中的一个价值。还有一些更值得我们去追求的价值，如公平、和谐、正义等。“人所共有的自由，乃是人性的产物”，尽管“人是生而自由的，但却无往不在枷锁之中”。如果我们不把“枷锁”理解为卢梭所要坚决否定的那个极端专制的封建社会，而是理解为自由的约束性条件，那么可以说，人生而自由，但必定会受到各种约束。绝对的自由将导致无政府主义的状态，导致社会秩序建立的不可能。

第二节　教育自由限度的原则

在什么情况下，学生的教育自由超越了应有的限度，而需要教育者对此加以控制或施以干预呢？我们把对这一问题的回答看作教育自由限度的原则问题，即学生的教育自由不能超越某一限度。根据上文的论述，我们把“不损害他者”和“有利于自己发展”作为两个基本的指导思想。在此思想的支配下，我们确定学生教育自由限度的三个基本原则，即教育秩序原则、不损他原则以及学生自我发展原则。前两个原则可归属为不损他原则。“不损他”原则加上教育秩序原则，乃是自由中的一项重要原则。我们把它看作学生的基本的教育自由原则，则表明该原则也是教育中的最为基本的原则。卢梭认为，教育方面，“有一条既适合于孩子，又对各种年龄段的人来说都最为重要，那就是：绝不损害别人”。它是最高的道德。而“最高的道德是消极的，同时也是最难于实践的，因为这种道德不是为了做给他人看的”。后一个原则归为学生利益原则，此原则要求，学生的教育自由必须能够有助于其自身的发展。

一、教育秩序原则

良好的教育环境是学生发展的必要条件。教育环境涉及的内容很多，但秩序环境是其中最重要的环境之一。秩序是教育构成要素在特定的时空场合按照一定的结构要求而呈现出来的有条不紊的状态。教育秩序既是教育行为的结果，同时也是教育行为得以展开的先决条件。没有良好的秩序环境，也就不可能有教育行为的顺利而有效地展开，更不要说教育目的的实现。学生个性的充分发展，在组织化的教育情境中，一般说来这个命题并无不当。组织化的教育情境，将众多的学生集中于一定的时空背景下，按照某种组织原则，而施加各种形式和各种类型的教育。任何一个人的行为都有可能造成对他人的影响——消极的或积极的。所以，教育秩序问题也便因此而被提出。夸美纽斯在《大教学论》中特别对“秩序”问题展开论述。夸美纽斯指出，“真正维系我们这个世界的结构以至它的细枝末节的原则不是别的，只是秩序而已；就是，按照地点、时间、数目、大小和重量把先来的和后来的，高级的和低级的，大的和小的，相同的和相异的种种事物加以合适的区分，使每件事物都能好好地实践它的功用。……所以教学艺术所需要的也不是别的，只不过是把时间、科目和方法巧妙地加以安排而已”。而在个别化的教学组织形式中，教育秩序问题却并非是教育思想家所关注的问题。

这可能一方面与学生在专制的手段下行为受束缚有关，另一方面也不能不说与教学组织形式有关。

上述分析只是表明教育秩序对学生发展的不可或缺性。从理论上看，尽管教育秩序与学生的教育自由并不是必然的矛盾关系，但是从教育自由的实践来看，则教育有可能在自由的状态下失去人们所期待的秩序的状态。因此，在教育中，教育者固然不可以“建立教育秩序”为名对学生进行侵入学生教育自由领域的不正当强制，但学生也不可以“教育自由”之名而扰乱教育秩序。也许正因为此，在集体性的活动中，个体的行为总是以这种或那种方式而可能对群体性活动的秩序带来影响的。而这也使得法律和制度的设计成为必要。人类社会的各种制度的出现，恰恰表明了对个体性行为进行调控的不可或缺。这种调控通常是以对个体行为的限制为条件的。换言之，不管是在怎样的社会环境之中，也不管个体在此环境中的自由度大还是小，总存在着对个体行为进行限制的各种形式。各种形式的制度限制向个体昭示着这样的指示，即每一个个体的行为一旦与他人或社会发生关系，就必然会受到诸多约束或限制。而如果个体试图突破这种约束或限制，那么他将会受到来自法律的、行政的或道德的制裁。

在教育活动中，学生的基本的教育自由的设定，同样受到来自教育秩序对他各种言行的制约或规范。制约或规范的多与少，决定着自由度的小或大，总存在制约或规范。这意味着，学生在教育活动中的各种言行，便不能造成教育秩序的扰乱或破坏。无论是学生的表达自由还是其行动自由，都必须受到秩序环境的制约，任何人都概莫能外。至于人们把什么样的状态看作秩序又把什么样的状态看作非秩序，这既取决于人们的秩序观念，也会受到流行的各种见解的影响，因而它既是一个哲学的问题，也是一个社会学的问题，不在本书的讨论范围之列。通常最容易造成教育秩序扰乱的是学生的表达与行动。至于思想与参与教育的自由是否会带来教育秩序的扰乱，则需要具体的分析。以义务教育阶段为例，不接受义务教育，即可视为对义务教育秩序的扰乱。而思想当属绝对自由的范畴。但是不能为了维护秩序而剥夺学生的教育自由。因为建立秩序的可能手段包括专制的和民主的。在学生基本的教育自由的限度内，在不违反教育秩序的前提下，学生应当是自由的。

这里有一个问题需要做进一步的说明，即学生在组织化的教育情境中，怎样的行为才算是扰乱教育秩序的行为呢？这个问题可能因人而异，它取决于教育者是如何看待“扰乱行为”的。在一种情境中某一教育者可能视为扰乱行为的，而在另一教育者看来则属于正常行为。它与人们的教育观、学生观有关，也与教育者的心理承受能力有关。似乎不存在可以作为衡量教育秩序扰乱行为的指标体系或衡量标准。但是如果我们非得要一个衡量指标不可，那么，作为参照物，只能是我们要在下面讨论的几种情况，即看学生在教育情境中的行为对自己及对其他人的影响而定。但是行为是否造成对他者或自己的消极影响，乃是一个需要综合多方面信息加以判断的过程。在一个充满多样性的实践情境中，这样的判断往往会出现偏差，从而造成错误甚至危害。所以对这一类问题，也许我们只有把它留给经验来处理，即教育者依据其教育经验及与经验相伴随的教育智慧来对此加以判断。

二、不损他原则

教育秩序是学生接受教育并实现自我发展的基本条件。这意味着，教育秩序与学生的发展是紧密地联系在一起的。然而，还存在一种可能的情况是，学生在教育情境中的行动并没有扰乱正常的教育秩序，但却可能对其他学生带来损害。严格说来，这种损害并非是由学生对基本的教育自由过度运用而造成的，也可能是由学生的其他方面对教育自由的僭越而造成的，而这恰恰是学生教育自由的限制所在。由学生的基本教育自由而带来的对其他学生的损害，与我们通常所说的“损害”还是有着根本性的不同的。日常中我们所说的“损害”，一般是指那种有形的伤害，即导致个体在生理上、心理上、利益上以及精神上的直接的伤害。在这种情况下，人们通常通过诉诸法律的途径来获得救济。但是过度的教育自由所带来的对其他学生的损害，则往往是无形的损害。这种损害通常表现学生发展的不充分性或迟缓性，即如果不存在其他学生的干扰，那么学生在现有的条件下，就会发展得更为充分。我们还在另外一种意义上即自由的意义上来看损害问题。当人们说，一个人的自由不能以妨碍他人自由为条件，这种说法所表明的，恰恰就是自由意义上的损害。换言之，每一个学生都拥有基本的教育自由。在可能与他人发生任何联系或关系的时候，自由的行使都必须限定在不妨碍他人自由的前提内。具体而言，可归纳为如下几点。

第一，学生个体的教育自由，不能妨碍其他学生的受教育的自由，即我们通常所说的不能影响别的学生的学习。理解这一点对学生来说是非常重要的。能否遵循这一原则，表明学生是否具有了自由的精神，亦表明学生是否具有运用自由的能力。在专制的教育情境中，学生是不懂得这一点的。当他们失去教育者的监管时，他们就会表现出极端的自由倾向。一些教育者往往不懂得其中的辩证法，反过来认为是不能给学生自由的，这实在是一个天大的错误。学生之所以这样，恰恰是因为他们未曾拥有过自由，因而就不知道如何来运用自己的自由。对于学生妨碍了他人的自由该如何处置，不同的教育家有不同的建议。洛克甚至建议对于“顽梗”和“倔强”的学生给予“鞭笞”，而卢梭则建议采取消极的惩罚方式，以让学生承受因违反自由原则的行为而带来的自然的后果。但不管采取何种方式，似乎惩罚都是必要的。

在学校的教育活动中，一个妨碍其他学生教育自由的隐蔽形式，是某些学生对教育资源的更多占有，这种占有使得其他学生无法获得有利其发展的相应条件。造成这种现象的原因是复杂的，既有学生自身的原因，如利用其体力和智力上的强势来排斥他人；也有社会的原因，如利用其特殊的社会背景乃至身份来获得其他学生从机会上说也可以获得的教育资源；还有教育者的原因，如教室座位空间的分配等。学生自由的隐蔽剥夺，较之学生自由的显性剥夺，其危害性也许更大。因为在这种隐蔽剥夺中，学生在不知不觉之中，不仅接受了被剥夺的结果，更重要的是他们也同时接受了被剥夺的前提。隐蔽的教育自由的妨碍，其实质是“自由的平等”的缺失。观念上的或法律上的“自由的平等”，仅仅是一种形式上的要求，而非是实质性的体现。它不以任何形式的损害为表现形式，但从某种意义上说乃是对人们的最大的损害。因为隐蔽，所以它通常不为人们所注意，也正因为不为人们所关注，所以才更容易被学生内化为当然之理，从而将自由的不平等复制为人们的社会观念。

第二，学生的教育自由，不能妨碍教育者的教育自由。教育者乃是对学生实施教育的组织者和引导者。妨碍教育者的教育自由，就是妨碍教育活动的正常进行。教育者的教育自由与学生的教育自由是相互关联相互依存的。妨碍教育者的教育自由，从其间接的效果上来看，也就是妨碍了其他学生的教育自由，从而将损害其他学生的发展。课堂上的大声喧哗，并非是学生表达自由的表现，而是表现自由的过度运用。它将导致教师课堂教学无法正常地进行，其他同学无法正常地学习。不遵循群体活动的交流规则，任意地表达出自己想表达的观点和想法，也属同样的性质。在群体性的活动中，交流是需要遵循一定的交流规则的。在非活动性的教学中，在课堂上随意地行动，也同样属于自由的过度。上述几种情况，都将使教育者及受教育者分散其教与学的注意力，且都应该予以限制。在这里我们大体可以看出学生在教育情境中的诸言行的特殊约束性。这种情形完全不同于成人的诸自由。

从经验的角度来看，思考学生的表现对教育者的教育自由的妨碍，似乎是并不太切实际的。因为在通常的情况下，这种情形并不多见，而且即便出现类似的情形，其责任亦不在学生，而在于教育者。这可以从两个方面来说。一方面，常见的现象是教育者对学生的基本的教育自由的剥夺。因此，出现相反的现象，只能表明教育者的不称职或在某些方面存在缺陷。就年龄与理智的发展来看，此种现象的出现也得归咎于教育者。另一方面，即便排除教育者所存在的局限性不谈，那么如果出现此类现象，其责亦在教育者，即教育者在教育学生运用自由方面是失败的或至少是不成功的。应当说这样的见解不无道理。但是，这里所讨论的并非是如果学生妨碍教育者的教育自由，究竟应该由谁来承担责任的问题，而是这样的一个问题，即当学生的表现超出了我们所限定的界限，那么他将会受到适当的强制，而这种适当的强制却并非专制，而是合乎教育实践理性要求的。

第三，学生的教育自由，不能妨碍其他学生的其他方面的教育自由。学生的其他方面的教育自由，涉及表达自由、行动自由等。这种要求只是作为一个原则的要求，并且应该通过教育，而使得这种要求内化为学生的个体行动的意识。关于这方面的论述，密尔的观点仍具有一定的适用性。密尔指出，“不论何种行动，若无可以释为正当的缘由而贻害于他人，都可以借人们的积极干预来予以控制。……个人的自由必须约制在这样一个界限内，就是必须不使自己成为他人的妨碍”。但是一旦学生的行为超越了这个限度，那么他就应该成为教育者控制的对象。人们不能因此而对教育者施以任何的道德上的指责。从教育的角度来看，此时所施以的强制，对学生来说恰恰意味着教育，但不能把此时的强制理解为惩罚。在许多情况下，学校教育中的惩罚是针对学生已经出现错误的行为的，是为了纠正学生的错误的。强制的教育性则在于，通过恢复原来的合乎自由理念要求的行为，而使学生认识到，任何自由都有其适用的范围。

第四，不损他原则还要求学生的教育自由不能损害社会的公共利益。学生将来是要进入社会共同体中参与公共生活的。社会共同体为人的生活与生存提供了外在的条件和基本的结构。没有这样一个外在的条件和基本的结构，人是否能够称之为“人”恐怕是难以确定的。因此米尔恩指出，“社会共同体应该建立和维持一种内外部条件，使所有共同体成员能够基于那些确定他的成员身份的条件，尽可能好地生活，这是社会共同体的利益所在，也是伙伴关系的原则要求”。社会共同体的建立，需要有一种坚实的基础。正是因为该基础的存在，社会共同体才得以建立和稳定。那么在一个人们持有各种“思想”的社会中，社会如何才能够稳定并实现长治久安呢？在各种思想竞争的社会中，必定有一种“思想”，它能够为社会的所有成员所认可。否则社会就会趋向于分裂。例如在宪政国家，宪政思想是基本的被认可的思想。尽管每一个人都可以对它提出质疑，但是一旦通过某种为所有社会成员所认可的程序，而被确定为社会的基本思想时，则每一位社会成员都负有遵从该基本思想的义务。这既是人之为人的首要条件，也是人之结成为社会的道德基础。也因此康德才说，“在为了共同的利益而运转的许多事情上需要某种机制，共同体的一些成员必须通过这种机制来消极地管理自己，以便政府可以通过一种人为的一致把他们引向公共的目的，或者至少防止他们破坏这些目的。这样一个机制一定不允许争辩，而人们必须服从”。康德所说的“不允许争辩”是在公民受委托处在某个岗位上，但如果一个人是作为社会共同体的成员而不是作为某个岗位上的责任承担者，则公民是可以争辩的。维系社会稳定与长治久安的基本“思想”，是社会公共利益的所在。作为社会的成员，学生接受教育，亦即意味着他必须了解并认识社会的基本思想，并服从该“思想”的内在要求。因此，学生的教育自由不能对此有所僭越。至于这个“思想”的内容是什么，那是另外一个问题，只要它不对其他思想实施专制即可。在这个原则的要求下，公益原则所表明的是对学生教育自由的这样一种要求，即学生的教育自由不能危害社会的公共利益。不过这种限制不是基于对危害的可能推断，而是基于经验和判断的必然性。

三、学生自我发展原则

上述有关学生基本的教育自由的限制原则，即教育秩序原则和不损他原则，都是指向外在于学生的对象的。然而对于正在接受教育的学生来说，仅有这两个限制原则是不够的。因此，需要补充“学生自我发展原则”，以保证学生在行使基本的教育自由的同时，不因自由而影响其自我发展。

对学生的基本的教育自由加以调适的控制，是以学生可能出现的过度自由为前提的。教育者所施加的控制的出现，大体出现在以下几种情况。一是学生的行为可能会伤害自己的生理组织，从而造成或带来身体上的缺陷。这种情况的产生与学生对事物属性的认识不够准确有关，也和学生对于事物与其自身存在的关系的认识不足有关。刀具的玩耍有可能带来伤害即属此例。因此，将刀具移开，对于学生来说是必要的。一些过于危险的游戏亦应当在禁止之列。这并非是剥夺学生的基本的教育自由，而是在保护学生的健康成长。二是学生当下的举动可能有害于学生的生活。这一点大体同于康德所说的“不再依赖他人的照料”的自由。学生是要长大成人的，他不能总依赖于他的父母。学生必须学会自己照料自己，学习谋生的技能。这些谋生的技能是需要通过努力学习才能够获得的。学生放弃努力学习，即意味着那作为生存而必需的谋生技能就可能无法获得。在这种情况下，就必须对学生施加合理的强制。三是与学生人格有关的各种与社会格格不入的观念。嫉妒、猜疑、虚荣、贪婪、怯弱、不守信用等，都是与学生健康的个性相违背的。当学生拥有这些观念时，教育者就必须通过教育或适当的强制，而使其改变错误的观念。学生的这些错误的观念，往往源于他对世界的理解错误。当学生被束缚于错误的观念时，学生表面上的自以为是，恰恰是学生不自由的表现。在这种情况下，只有知识能够使学生摆脱错误观念的束缚。这样说来，知识便具有了解放的力量。知识的解放力量，不是因为它为学生开启更多的、学生可以在其中自由选择的可能性，而是因为它能保护学生不因非分之念而受挫折。

也许人们会提出这样的质疑，即学生会自己伤害自己吗？这种质疑的错误之处在于，它把学生当作成年人，以为一般情况下成年人是不会伤害自己的，因而学生也不会伤害自己。如此一来，我们所设定的原则，便成为一个无前提无根基的原则，事实却与这种质疑完全相反。且不论学生，即便在成年人中间，亦会出现自我伤害的情形，如因不良习惯而带来的对某种物品的依赖性（成瘾）。在通常的情况下，依赖者皆明白这种依赖性对人体的危害，但却欲罢不能。与成年人相比，学生缺少理智上的认知，以及对不良行为进行控制的意志力更薄弱。稍一不慎，学生就会进入自我伤害的情境之中。而等到发现这是在自我伤害时，为时晚矣。因此，在教育活动中，教育者必须时刻注意学生的各种行为，是否会伤害其自身。这一点较之第一和第二原则更难明辨。因为在前两种情况下，受到影响的其他个体会从其自身的利益出发，而对损害者加以指责，从而提醒教育者加以注意。而在第三种情况下，自我伤害者往往不会意识到并主动地将自我感觉到的伤害告知教育者。所以教育者必须通过细微的观察，对学生的可能性伤害行为加以确认并制止。

以上分析所要阐明的是这样一种观点，即过度的强制与过度的自由，都不利于学生的自我发展和自我完善。从教育实践的角度来看，关键是要找到一个平衡点。放任学生显然是一种错误的选择。它只会导致学生朝向一个不利于学生未来发展的方向前进。对学生实现教育专制，经验证明亦非是明智的选择，且自由观念向教育领域的渗透，也已使得教育专制成为不可能。如何处理这二者之间的关系，可能完全取决于教师的智慧。但这种智慧的拥有又是以教师拥有一定的自由观念和控制观念为先导的。

对学生教育自由进行限制的几个原则，严格来说也是对学生在教育中的自由提出的道德要求。不过这种要求要考虑学生的年龄及活动特征，而加以适当的扩充与放大。当我们将上述三个判断称之为原则时，我们主要是从教育者实施教育控制的角度来说的，亦即教育者据此来对学生的教育自由是否超越了某个限度而加以判断，并基于判断而做出对学生的言行是加以限制还是不予以干预。而当把它们看作学生自由的道德时，它所强调的重点由教育者的身上转向学生的身上，亦即学生的教育自由必须服从这些道德的要求。自由是需要以自由的道德来加以调控的，就如同法律亦需要法律的道德来予以协助。没有道德作为法律的基础，也就不可能有法律的有效适用和人们对法律的遵守。同样，没有道德作为教育自由的基础，自由则可能会使教育陷入混乱之中。学生运用基本的教育自由必须遵循自由的道德。

第三节　强制教育与自由精神

教育强制是教育者对教育权利的运用。当教育权利施加于学生时，学生的自由度就会受到不同程度的限制。当学生的教育自由超越了基本的道德要求而需要以教育强制来恢复自由的秩序状态时，教育强制又该如何实施呢？这个问题的背后隐含这样一种担忧，即教育强制的实施有可能在学生心灵注入某种与教育自由格格不入的东西，从而妨碍学生对自由的运用。因此，针对过度自由的教育强制，必须审慎地加以运用。这里所说的教育强制，主要是在调整学生的过度自由的意义上来运用的，而非在“教育的强制性”的意义来使用的。核心的问题是怎样的教育强制更有利于学生未来的发展？对于这个问题，我们提出“基于自由精神的教育强制”这样一个命题，以示与通常人们所说的教育强制的区别。概言之，当学生在教育情境中的言行表现出过度以至于不仅妨碍到他者，而且也有损于自己的发展时，教育者必须基于自由精神施以适当的强制，以使学生从背离自由的道路上返回来。“基于自由精神的教育强制”包含这样几层含义。第一，教育者对学生的教育强制并不是任意的，而是根据特定的条件而施加的强制，其目的不在于教育权利的施加以及保持某种舆论的一致，而在于使学生的言行符合自由的道德要求。这是基于自由精神的教育自由的根本前提。没有这样的前提存在，则任何教育强制都将不具有应有的正当性，无论教育者持有怎样的“为着学生好”的善良动机。这个前提的确立，旨在保证教育强制对于任何人来说都是可预见的。在这里，基于自由精神的教育强制的出现必须考虑两个方面的因素，即前提和目的，同时也必须使教育强制满足这两个方面的要求。第二，即使在满足上述两个要求时，教育强制也不能说就是基于自由精神的。强制作为恢复自由常态的手段，这种手段本身亦需要进行仔细的确认与选择。一些强制的手段，如体罚、剥夺某种权利等，显然是不符合一般要求的。必须要把学生看作学生，看作通过教育有待完善的人。第三，各种教育手段的运用，还必须考虑动机与后果的统一。在对教育强制实施之前的构想中，动机并不存在任何问题，设想的结果似乎也能够为一般观念所接受，但真正实施起来可能会发现，动机与后果相差甚远。因此，这其中就有一个教育强制的艺术与技巧问题。

一、让学生学会通过别人的权利认识自己行为的限制

让学生学会通过别人的权利来认识自己行为的限制，是康德所提出的关于培养学生成为自由人的教育原则。这个原则对于当今的教育仍具有启发意义。教育

强制的目的恰恰就在于，让学生认识到自己行为的限制，而这种限制来自他人的权利。但是对于学生来说，仅有对他人的权利的认识是不够的，他还必须认识到自己的某些不作为固然不对他的权利造成伤害，但由于自己某些方面的缺陷而可能间接地给他人带来伤害。因此，当教育学生认识他人的权利时，必须同时认识自己的义务。

义务是具有根本性的道德概念。米尔恩说，义务的中心思想是，“因为做某事是正确的而必须去做它。说某人有义务做某事，就是说不管他是否愿意，他都必须做，因为这事在道德上和法律上都是正当的”。教育的强制性概念恰恰源自作为根本性的道德义务概念。人作为道德的存在，负有不可推却的义务。自己的义务，恰好构成与他发生关系的他人的权利。他人的权利所在，也就是自己的义务所在。自己的义务所在，也就是自己的行为的限制与约束所在。义务的概念与教育强制的概念构成了一组统一关系。把某事看作义务而必须去做，就是说如果你不去做，则教育者就可以强迫你去做，因为这是他人权利的实现的保障。在这种情况下，教育者只不过是让学生去做了他必须要做的事。这种教育强制不仅是符合道德与法律要求的，而且是正当的。只有在下列的情况下，教育强制才成为一个在理智上可以质疑的对象，即并非属于学生义务的范畴而逼迫学生去做某事。对于学生来说，努力学习是他要成人的一个道德上的义务，教育者强迫学生去学习，便不能算是不正当的强制。只有当学生被强迫去承担过量的学习任务时，我们才可以说这样的强制是不正当的。学生所要承担的各种义务，既来自他要成人的期望，也来自他要成为社会一员的要求。这些期望和要求不仅属于他个人的，也是属于整个社会的。从某种意义上说，义务的承担并非是个体是否同意的问题，而是一个不得不承担的问题。恰恰在这个意义上，我们看到了教育强制的不可或缺性。

但是，在“别人权利”与“自己的行为限制”之间，并不存在凭着理性或直觉就可以把握的联系或关系。它需要凭借一个中介，借助于该中介，学生才能够被不断提醒自己的行为是受到别人权利的制约的。这个中介，就是认识到一旦出现超越他人权利就有可能带来的某些后果。而在学生时期，这个中介主要是教育。在前现代社会，教育主要是通过各种道德叙事而使学生认识到他在社会系统中的角色来认识他应当做什么。这是因为，“在一个得到明确界定并具有高度确定性的角色和社会系统里，每个人都有既定的角色和地位”。进入现代社会，随着权利观念的兴起，教育则主要是通过使学生认识到他的权利和义务而认识他应当做什么。就个体作为社会共同体的成员的存在来说，任何个体都是权利和义务的统一体，即他享有权利并同时承担义务；但是就权利的实现来说，个体之间的权利与义务具有相互性特征。这种相互性特征，使得每一个人的行为都要受到限制。当学生通过教育而认识到这种限制并且能够在与他人的交往中遵循这种限制时，那么这时他便不会感到行为的不自由。只有在他不能认识到这种对行为的限制是人存在的本质要求时，那么他才会感觉到人生活在社会中的不自由。

因此，从这个意义上说，认识到自己的行为受限，恰恰是认识到人的自由所在。教育的意义在于，将那对行为的外在限制，那由社会共同体或由其他个体来加以实施的限制，系统化地集中呈现在学生面前，使学生从理性上认识到要自觉地接受这种限制。

二、宽容作为实施教育强制应遵循的精神和原则

关于教育者对学生的宽容问题，教育思想家似乎论述不多。不过我们在诸思想家论述的字里行间，仍然能够发现论述中所包含的宽容精神。洛克指出，“学生的意志用错了方向，如果无须改正，鞭笞是用不着的。至于其他一切过失，若是心理正常，并不反抗父母或导师的管束，那便只是错误而已，可以不用理会”。又说，“凡是适于他们年龄的幼稚的举动，都应该被许可，我们尽可不必加以理会。……在错误方面，我们应该把他们当作天然的弱者看待，去帮助他们，帮助他们去改正”。洛克的论述已包含教育者对学生宽容的要求。宽容精神将使得教育者在教育过程中，对于学生不应当干预的事，保持缄默；而对于学生应当干预的事，则基于引导的原则。教育者没有自由精神和自由品质，便难以培养学生的自由精神和自由品质。因此，面对这一挑战，教育者应具有的品质之一是宽容精神。

何谓宽容？宽容首先是教育者对待学生差异的态度。按《大不列颠百科全书》的解释：宽容是允许别人有判断和行动的自由、耐心、不带任何偏见地容忍那些有别于自己或普遍接受的观点、行为的人。在此意义上，宽容意味着对不同生活方式的认可，以及寻求在不同生活方式之间实现和平。宽容即对差异的承认，或者说以差异为其前提。当代美国政治哲学家沃尔泽认为，宽容是指“那种有争议的差异性表现为文化、宗教以及生活方式上的差异性时的宽容——即当另一部分人不是共同参与者时所表现的宽容”。换言之，宽容是与差异性群体的共存与共处。宽容被理解为一种态度或一种心境。以沃尔泽分析，宽容至少可以被理解为五种态度或心境。一是与宗教宽容有关的、为了和平而顺从地接受差异性的态度；二是被动的、随和的以及冷淡的对待差异性的态度；三是容忍差异性的态度；四是尊重、倾听甚至学习差异性的态度；五是积极拥护差异性的态度，它将差异性视为人类昌盛的必要条件。从沃尔泽的论述来看，宽容作为社会不同

群体的相处的基本要求，包含着这样几个方面的含义。第一，宽容离不开差异。没有差异性，也就无所谓宽容。“宽容使得差异性存在，差异性使得宽容成为必要”。宽容问题实质上就是如何对待差异性的态度问题。是党同伐异、迫害打击，还是共处共存、允许差异，是区别宽容还是不宽容的根本性标志。第二，上述有关差异性的五种态度，实际上描述了从消极宽容态度到积极宽容的五个连续状态，即顺从的接受、冷淡的对待、原则上的认可、对差异的尊重以及积极的拥护。以历史的观点来看，如果加上另一极端的“不宽容”，从“不宽容”（如宗教迫害、党同伐异等）到消极的宽容态度（接受、认可、容忍）再到积极的宽容态度（尊重和拥护），则恰恰是人类社会对待差异的态度的演变过程。

其次，宽容也是教育者处理分歧的原则。约安娜•库茨拉迪就认为，“至少可以从两个不同角度来论述宽容问题：一是从宽容的‘主体’的角度出发，把宽容视为一种个人态度；二是从宽容的‘客体’的角度出发，把宽容（容忍）视为一种解决和处理各种事务的需要，或者说，把它视为一条原则，运用于一个抽象和不可确定的、由在同样问题上存在的不同看法和做法构成的领域，一个由容忍的极限划定的领域”。这样宽容就被理解为“作为个人态度的宽容”和“作为一条公共事务准则的宽容”。宽容作为一种个人态度，尊重的是那些在某个问题上持有与自己完全不同的观点并以一种自己不赞成的方式行事的人的权利，就是说，即使它可以损害他们的权利，也不会这样做。宽容可理解成具有双重含义的原则：在特定条件下对可容忍的事物（不管它与流行的方式多么不同）千万不要禁止；对应该容忍的事物（不管谁赞成它或反对它）可以不予禁止。与库茨拉迪对宽容的解释相近，哈贝马斯认为，“当我们在使用‘宽容’一词时，通常包含两方面的意思，一方面它是指赋予人们权利的法律秩序，另一方面又指与他人交往时保持宽容的政治美德”。对宽容所做出的两种意义的理解非哈贝马斯独有。另一西方学者吉兰•瓦特洛则区分出原始宽容和现代宽容。原始宽容指由容忍或不制止那些按照法律不该发生的事所构成的态度。它是由谨慎或迁就人类的缺点所促成的，这是一种无奈之举。无论如何，既不是一种许可，也不是一种授权。现代宽容是在现代发展起来并由卡斯蒂利翁、斯宾诺莎、洛克等详细阐述的宽容的形式。现代意义上的宽容就是同意这样的观点：在自由的名义和大家所承认的原则下，别人按照我们所没有的或我们并不同意的原则思考和行动。宽容是自由的必然结果。

就当代中国当下的语境而论，各种有关讨论宽容的文本，是在“作为个人态度”的意义上来展开的。然而，就教育作为公共事务而言，当我们说教育宽容时，就不能仅仅理解为教育者对待学生差异性所表现出来的态度，而同时应该包括“作为一条公共事务准则的宽容”。因此，当教育者面对学生存在的各种学业和品行问题时，既需要把宽容看作一种姿态和精神，也需要把宽容当作处理分歧的原则。教育者和学生在教育中的非对称的社会关系，使得权威和传授得以成立，从而也使得教育专制成为可能。教育宽容要求教育者在教育中以一种普遍的方式去思考作为他者的学生，并将每一个学生都视为具有相等尊严的人，而无论其差异性有多大。

第五章　教育与强制视角下走向实践形态的教育自由

从公民自由到学生的教育自由观念的演进，反映了人们对人自身存在认识的不断深入。人不仅要肯定其成熟的状态，并承认它对于社会的绝对价值，而且还要承认其未成熟的状态，并把这种未成熟状态的存在价值看作人的构成的一个重要内容。观念的确立是实现变革的首要条件。然而这并不意味着某种新的观念的确立必然导致现实发生变化。促使观念变成现实仍需要诸充分条件。保证教育自由走向现实，使得观念形态的教育自由成为现实形态的教育自由，需要怎样的条件？为此必须要明确这样一些问题：倡导教育中的自由和自由下的教育，这种教育自由实现的可能性何在？这里面所涉及的是，自由下的教育如何可能和教育中的自由如何可能两个问题。除此之外，在教育自由实现的可能性得到充分展示的情况下，从现实的教育境况出发，需要哪些方面的行动才能保证教育自由从观念形态走向实践形态？

第一节　教育自由走向实践形态的可能性

教育自由从观念形态走向实践形态，这种可能性何在？当人们提出这样的问题时，它暗示着这样一个基本的前提，即教育作为强制性的人类实践活动，与自由作为个体在一定的界限内不受约束的生活方式之间，存在着逻辑上的紧张关系。教育自由要从观念形态走向实践形态，就必须消除这种紧张关系。

一、从至善到共同善

关于个体与社会的关系，大体上我们能够说，自由主义所倡导的理想多元，是针对主张一元理想的社会而提出的。然而，就社会的建立和持续维持而言，任何一个社会都需要有一个能够为所有社会成员所认可的基本的价值观念。前现代社会所理解的社会的建立所必须追求的是至善的观念，即那所有人之为人而必须实现的因而也是社会为之努力的终极目的。这一观念在亚里士多德的伦理学体系中得到了系统而明确的阐述。对于亚里士多德来说，存在着人类必须为之而奋斗的最终的理想与价值，此即至善的概念。“如果在我们活动的目的中有的是因其自身之故而被当作目的，我们以别的事物为目的都是为了它，如果我们并非选择所有的事物都为着某一别的事物，那么显然就存在着善或最高善。”善可能会有许多，不同的善可以按一定的秩序等级统一到至善，成为一个和谐的整体。人类社会正是朝着这一目标和方向前进，进而实现这一最终理想与价值的。但是，在自由主义者看来，至善的观念与自由的理念是相冲突的。这里所谓的至善与自由的冲突，是在自由的消极概念的意义上讲的。因为对于消极自由来说，不存在能够被所有人认同的至善。每个人都有他心目中的至善。不同个体之间的至善难以公度。因此，如果将某种善视为至善，那么它必定会导致对他人的压制与强制，而这是不符合自由理念的。由于至善的概念所可能带来的问题，另一种概念即共同善的概念开始出现并把社会的建立和维护建立在共同善的价值基础上。

公共善是共同体成员所普遍享有的且有利于每一个共同体成员的某种利益，一种共同的利益或公共利益。因此，公共善就是共同体的利益。米尔恩说，“无论社会共同体的形式如何，也不管其特定的制度和实践怎么样，有一件事是任何社会共同体的每一个成员所必须做的。这就是对所有伙伴成员的实际关心。每一个服从共同生活条件的共同体成员都应该尽可能好地生活，这一点所有成员都必须重视。”这种共同体的公共利益是否是至善，这并不重要，重要的是，这是每个共同体成员都关心的，是每个个体的利益所在。而罗尔斯则以“首要善”的语式来表达这一观念，并认为，“基本的权利与自由；移居自由与多样性机会背景下对职业的选择；在基本结构的政治制度与经济制度中享有各种权利、职位特权和责任；收入和财富；以及最后自尊的社会基础”等，构成了公民社会首要善的内容。也就是说，罗尔斯所列举出的这些善的内容，都是每个公民欲求的，因而也是每个公民共同的善。

共同善的概念取代至善的概念而成为政治哲学和道德哲学的核心概念，也使得共同善的概念进入教育哲学的理论视野之中。从至善到共同善，从道德的立场上看，虽然是从最高的要求退回到较低的要求，但这种退回却为教育提供了解决教育和自由矛盾与冲突的一个很好的路径。也许在现代社会中，无论是理论的辩护还是日常生活的践行，也许人们并不赞成至善的概念，但是这并不妨碍教育对某种社会理想的传播与追求，也不妨碍个体对其自我理想的追求与实现。因为无论人们是怎样来看待自己的利益的，这些利益都可以在一定的程度上追溯到公共的利益。在这里，相容的是共同体的利益与它的成员的共同利益。但这并不是说，在个体善与公共善之间，就不存在冲突关系。需要说明的是，一个人作为共同体成员与他作为个人，在作为共同体的共同利益和作为个人的自我利益之间，冲突虽非必然但却可能发生。后者的冲突已经不归属于教育哲学的范畴，而应该归属于伦理学和政治哲学的范畴。共同善为教育自由走向实践形态提供了第一个可能性保证。这个可能性的存在就在于学生的教育生活与其将来的公民生活的一种合乎逻辑的统一。学生在现代学校教育机构中的生活，可以视为虚拟的共同体生活。在此虚拟的共同体生活中，学生不仅学习与共同体生活有关的各种知识与技能，习得与将来的共同体生活密切相关的共同善的观念，而且其生活本身就是在模拟未来的共同体生活。而当学生进入成年期，正式参与到共同体生活时，他不仅会受到共同体生活方式的约束，而且学生时期所授予他的那些与共同善有关的知识、技能和观念等，亦将影响到他的实际的生活方式和生活状态。

共同善是社会共同体得以建立和稳定的价值基础，也是教育得以展开同时也不妨碍学生的教育自由的价值基础。在共同善的引导下，学生仍然可以享有基本的教育自由，而不至于说教育者放弃了其应负的责任。不过教育应该如何对待诸善呢？诸善是指共同体的每个成员所可能拥有的善。就个体的善观念而言，它们彼此之间并不存在隶属关系，而是同样具有合理存在的平等关系。如果诸善能够得到理性的辩护，且都有其各自的信奉者，那么教育要求学生去相信任何一种特殊的合乎理性的善的学说，这样做到底是理性的还是非理性的？对于这个问题，自由主义者认为，这不独是非理性的，更是违反自由理念的。因为诸善具有不可公度的性质，诸善之间必定存在着冲突，这种冲突使得诸善难以调和，所以个体只能在诸善中进行选择。而当教育欲使学生信奉某一特殊的善时，则意味着教育要取消个体的诸善，而这同时也意味着取消自由。但是如果不是这样呢？如共和主义所设想的那样，那么结论就要另当别论。但是对于本书来说，教育如何处置诸善而又不至于使学生丧失教育自由，却是一个比较棘手的问题。一种策略是，对学生施以诸善教育，而把对诸善选择的权利留给学生进行理性道德判断，即让他自己做出选择。这意味着学校的道德教育应当培养学生的道德判断能力和道德理性思维能力。

但是在一种情况下即出于某些自利的考虑而将某种善伪装成“至善”，又将伪装的“至善”说成共同善或普遍善，那么教育该如何处置呢？对于这样的情况，教育哲学是无可奈何的。此时，教育哲学应当担当起理性辨识的任务，即在诸善、伪“至善”以及共同善之间，确立理性的分野。教育哲学也只能这样。教育哲学的这种消极的态度，并非是它的不欲作为，而是与教育哲学的学科性质有关。一方面，古典时期以及进入现代社会以来，教育哲学都难以摆脱政治生活的影响。教育哲学必须服从于政治生活的要求并和政治的理论观念保持一致。柏拉图的《理想国》、洛克的《教育漫话》、卢梭的《爱弥尔》，均涉及这种外在的要求，并且通过理论的阐述，而将这种外在的要求转化成教育的内在要求。另一方面，诸善伪装成“至善”，然后又被说成共同善，并非出于教育哲学的目的，而是出于政治的或其他方面的目的，如社会建立共同体的需要。而造成这种伪装结果的，首先来自政治哲学的理论证明，其次则是源自政治实践的考虑。如此一来，教育哲学就成为政治的一部分，成为实现政治理想的手段。

二、意志服从与意志自由的对立与和谐

教育自由从理念走向实践形态的另一个可能的问题是，意志的服从与意志自由的紧张关系。教育不可避免地要涉及学生对成年教育者的意志服从问题。此一服从并非是服从教育者的个体意志，而是服从成年教育者所代表的社会意志，同时此一服从亦并非是以某种损害威胁的方式来使学生达到服从的目的，但这里面毕竟出现了意志的服从问题。这种服从恰恰与自由所强调的意志的自由相对立。那么我们又该如何来解释并解决这个问题呢？

首先需要强调指出的是，如上所述，自由并非没有强制。无论个体的自由度大还是小，自由都意味着不同程度的强制，即为了每一个人的自由而必须对每一个人加以约束。这种约束就是强制。强制的意思，在这里是指个体行为对公共意志的服从，而不是指对某个个别的个体意志的服从，且这种服从具有可预测性和稳定性的特征，即在何种情况下我必须要服从，否则可能会带来怎样的制裁，我是能够预期的。正当性强制可能是来自法律的，也可能是来自舆论的，甚或可能是来自公共权力的。这一切用康德的话来说，可称之为“来自社会的不可避免的阻力”。教育的意义和价值恰恰是要让学生认识到那些来自社会的对其行为阻力的各种外在因素，或者说使学生认识到服从公意的必要性，并使学生自觉地处理好其行为与这些外在因素的关系。因此，从这个意义上说，所谓教育学生运用自由，不如说是教育学生如何不违抗那对行为的正当的强制，并形成对待那些强制的恰当的态度，认识到它们的存在对于其作为个体存在的意义及对于个体自由的必要性，并懂得在恰当的时空场合下如何遵从这些外在的强制。

其次，自由所包含的强制，与教育的强制性彼此具有不可分割的相关性。古典时期的教育便是强制学生学习参与公共生活所需要的知识与技能。在这种情况下，便无所谓现代消极意义上的教育自由的观念。能够参与教育生活，即意味着

作为未来公民的学生的教育自由，自由的强制与教育的强制是统一的。随着古典时期的结束，近代以来的权利观念和个体自由观念改变了古典时期的一切。现代社会的教育，亦是强制学生适应社会、政治、经济等方面的要求。区别在于，学生的教育自由已经含有选择的或免除任意干预的自由概念，即在某种划定的界限内，教育权利无权干预。这种划定的界限是法律所予以保证的。它同样意味着服从前提下的自由。在这种情况下，教育的强制与自由的强制仍然是统一的，即教育的强制只限定在学生的言行超越了自由的限度，超越了自由所要求的强制的界限，为此教育者通过恰当的手段，使其言行恢复到自由的限度之内，即使学生服从外在法则的强制，并使学生认识到这样的一种僭越行为乃是不自由的行为，从而促使其在随后的生活中更好地运用其自由。

所以，教育的强制是教育者让学生习惯于忍受对其自由所施加的强制，即习惯于服从社会意志的要求。在这里，服从社会意志并不是压制学生个体的自我意志，而恰恰是对自我意志的解放。把所有的强制——就其挫伤人的欲望而言——总是看作坏的，而不干预作为强制的反面总是看作好的，柏林称之为古典形式的消极自由观。教育的强制毫无疑问是对学生欲望的某种挫伤，不管这种对欲望的挫伤是以何种方式进行的，严厉的还是温和的，个别的还是集体的，但是我们并不能就因此说，教育的强制对于学生来说就是恶的，而不强制，即让学生的欲望任意地得到满足，就一定是善的或好的。当卢梭把学生的欲望区分为“自然的欲望”和“习俗的欲望”时，我们大体在这种区分中能够看到不同的欲望在性质上的善或恶。就学生的成长和发展而言，为了学生的未来，不干预在很多情况下恰恰其本身就是恶。从这个意义上说，教育自由走向实践也是可能的。更恰当地说，教育与自由具有某种自然的契合性。这种自然的契合性表现为，无论人们怎样看待自由，都能够使得教育服务于自由观念需要个体拥有的某种品质。这一点我们从自柏拉图以来的政治哲学家思考教育问题的方式中看到，即柏拉图以来的政治哲学家，在思考政治的任何问题时，最终都必须借助于教育来解决政治共同体中的人的品质或素质问题。柏拉图的《理想国》如此，霍布斯如此，洛克、卢梭、康德、杜威等人，莫不如此。之所以会出现这种情况，恰恰在于教育与政治的不可分离性或自然的契合性。

但是，如果学生有意地违反教育意志，那么又该如何处理呢？洛克认为“不能视而不见或者忽略不计，而必须在第一次就给予控制”。对此需要做几点说明。第一，学生的个体意志所表现出来的对于教育意志的反抗，已经表明学生的行为超越了教育自由的限度，此时对学生所实施的强制，不能算作对学生自由的侵犯或剥夺。对普遍意志的服从，是个体意志自由的表现，而教育只是将与自由相关的普遍意志内化为学生的个体意志而已。第二，在洛克时代，对于学生的顽梗和反抗可以采取严厉的惩罚乃至以鞭笞的方式进行。但是社会的发展以及观念的变迁，特别是对学生权利的承认，已经使得洛克时代所习用的方式成为历史。因此，当学生对抗教育意志时如何对学生实施有效的强制，以使学生服从普遍意志，乃是一个属于教育学范畴的问题，值得进一步地思考与探讨。但是其界限我们已经说过，它不得侵犯为国际社会所公认的学生的基本权利。这是一个基本的原则，任何教师都不可逾越的一个界限。而当学生的行为不仅公开地藐视教育意志，而且公开地藐视国家意志即法律的时候，以至于教育者包括其父母都无法加以管教时，那么学生便只能交由国家设置的专门的教育机构来进行管教，以纠正其不羁的意志。这意味着，不能设想教育意志就一定能够内化为个体的自我意志，它存在着教育失败的可能性。面对此种可能性，学校教育机构乃至家庭和社会都必须要做好充分的思想准备。不过，不能认为学生的自我意志难以羁服就放弃对学生的管教。如果出现了这种放弃行为，那只能表明学生的教育自由再一次受到剥夺。第三，学生对教育意志的有意违反，一方面表明了对此学生进行教育的必要，教育者不应为此而感到沮丧或懊恼，而应把它看作责任和挑战；另一方面它也表明了学生的自由观的缺失，即学生尚不知晓什么才是真正的自由什么才是虚假的自由。因此，教育的重点是对学生运用自由的教育，即通过他自身的僭越自由的行为来让学生学习怎样才是自由的。

三、双重主体的自主可能性问题

教育是一项人对人的活动。这种人对人的活动预示着双重主体性的存在。而在教育实践中，教育者无法回避学生作为主体存在这一事实。学生的主体性，即在实践中所表现出来的主动性、积极性、选择性、创造性和自控性等，直接影响到教育者的教育结果，从而影响到学生成长为成人的过程。然而，这其中可能面临的最大的理论上的冲突，则是教育者自主性与学生的自主性在教育实践中相遇时的冲突。当主体双方都拥有自主性时，那么各自的自主是如何在实践中表现出来呢？这是教育自由走向实践形态必须要考虑的另一问题。

传统的教育学理论试图通过将教学区分为“教”与“学”两个方面来解决教育实践中的这一矛盾问题。但是显然这种区分至多只能解决形式的问题，而在实践中它们仍然处于相互对峙的状态而难以调和。思维中可以分析的对象并不表明该对象在实践中或在生活中就可以分割开或分离开。当人们把教育或教学看作教育者与学生之间处于特定时空状态下的共生共存的活动时，它也预示着教与学在现实生活中的难以分离。因此，不能说教育者在教中具有自主性，学生在学中具有自主性。这样的说法不仅是没有道理的，而且也是毫无意义的。

要解决双重主体的自主性问题，就需要有一个学科视野的转换，即从教育学的视域转向政治哲学的视域。为此，必须区分一下自主的几种应有之义。美国学者拉兹在分析“自主”的概念时指出，至少存在三种不同意义的自主概念。一是把自主理解为成就，即“一个自主的人是他自己部分生活的创造者。他的生活就是他自己的作品。自主的人的生活，不仅仅是因为它是什么，而且也因为它可能是什么，甚至还由于它所以如此的方式”。二是把自主看作实现自主生活的能力。如果一个人获得了自主生活的条件，那他就是自主的，这些生活条件部分地与他的个人状态有关，如理智健全、有理性思考和行动的能力等。三是把自主看作权利。自主的生活就是一种没有谁对其权利侵犯的生活。未受侵犯的权利创造或保护了机会。那么三种自主的概念，对于教育中的主体来说具有怎样的意义呢？由于本书侧重讨论学生的教育自由问题，所以这里我们将首先分别地探讨每一种自主的概念对于学生的意义，然后把学生在教育中的自主放在与教育者的自主的关系中，看双重主体的自由可能性。

在自主的第一种意义上，学生能够是其生活的创造者吗？学生是其学习的创造者吗？可以把学生的学习看作学生自己的作品，但又不全然是。因为即使是把学习看作作品，那这个作品也是学生与教育者合作的结果。当然可以把创造者的头衔记在学生的身上，但其中凝聚着教育者的智慧与心血。如果学习全然是学生的自我创作，那么学生也就用不着到学校教育机构来接受教育了。从学生最终创造出怎样的学习结果来看，学习与学生的自主是分不开的。在自主的第二种意义上，学生的自主程度似乎更低。因为，那表明能力的理智健全、理性的思考与行动等，对于学生来说都处于有待生长的状态。教育恰恰就在于培养人的自主的能力。因此，充其量只能把学生看作准自主的人，一个从不自主走向自主的人。在第三种意义上，学生作为权利主体，是为伦理学或道德哲学所承认的，并在法律的体系中得到明确的规定。因此，正是在这个意义上，我们才能够说，学生获得了与其作为人相适应的自主性。权利表明了学生的自主存在。在权利的领域里，学生能够自主地选择他所愿意选择的生活，呈现他所愿意呈现的存在方式。

如果把自主理解为权利，那么它与教育者的自主性的关系又该如何处理呢？或者说教育者在表现其自主性的同时，又该如何保证学生的自主性呢？此外，尚存在相当大的一个领域，在其中道德与法律都没有对此做出明确的规定，这一未做规定的领域，所表明的是学生的自主性的施展领域，还是教育者的自主性的施展领域？学生权利概念下的教育者自主性问题，乃相对简单，即无论教育者怎样表现其作为教育者的自主性，他都不应该侵入学生的自主领域，即权利。对学生权利的侵犯，即表明教育者的自主性的僭越，以及作为教育者的教育伦理性的丧失。比较复杂的是第二种情形，即道德与法律所留下的真空地带。对此，参照对自主的第一、第二种解释，即教育者的自主性发挥，以能够很好地促进学生对自己生活的创造以及能够很好地培养学生的自主能力为原则。从这个意义上讲，教育者自主性的发挥，实质上是促进学生自主性的获得。即使把学生的自主理解为自主选择，那么也必须附加以条件，其中一个条件是，每个学生在教育中都有一定的自主性，所不同之处在于程度，而程度的差异实际上是取决于学生的自主能力，而非教育者的自主性的增加或减少。在这里，教育者的自主性与学生的自主性并不是此消彼长的矛盾关系，而是在一个可容忍的范围内的相容关系。另外一个条件则是，对学生的自主要求不仅仅是选择的存在，还是可接受选择的存在。人们在谈论学生的自主时，往往忽略了选择的“可接受性”这个根本的要求。可接受表现在诸多方面，但从根本上可以说就是我们在前面所提出的自由的道德原则。的确，不仅学生的选择必须是可接受的，而且所有生活于社会共同体的人，不管是谁，其选择都应该是可接受的。

但是应当看到，仅仅以自由的道德原则来限制学生的教育自由，并将它们用以限制学生言行的基本判断标准是不够的。教育自由要走向实践形态，还必须附之以一个补充原则，即做与你身份相适合而应该做的，如米尔恩所说的“基于那些确定他的成员身份的条件，尽可能好地生活”。概言之，即学生应该以适合于学生的方式尽可能好地生活。这包含两层意思。第一，学校教育机构所提供的诸条件决定了学生的受教育者身份（学生或学员），为此学生就必须尽可能以适合于受教育者身份的方式来生活。这是学生最值得过的生活。撇开个体身份概念而抽象地谈论学生的自主或选择，很容易把问题简单化，从而使得问题趋于不可理解。对于学生来说，他不仅是单个的个体的存在，在受教育阶段，他还是作为受教育者而存在着。为此，自由的教育生活，是做适合于他作为受教育者的身份而选择的生活。第二，选择必须符合学生作为受教育者的身份。面对选择的障碍或选择的意志受阻，这不能说明学生就没有了自主性，这说明还可能存在另外一种情况，即学生尚不具有选择的理性能力，因而面对受阻或障碍，他还不能充分地理解到，这些受阻或障碍乃根源于他自己的选择方面的缺陷或不足。作为将要进入社会共同体的未成年人，他必须要在受教育阶段认识到，他得使共同体的利益优于他个人的自我利益，同时要竭尽所能做一切有助于增进共同体利益的事。这是一个作为社会共同体成员的责任所在。

面对学生的可接受的选择，教育者就必须接受学生的选择，并且努力通过适当的教育活动，促使学生在选择的实现过程中，完成其受教育的任务。如果说教育者面对可接受的选择而不可接受时，那么我们只能把这种情况归于教育者的专断意志而必须要加以调整。但是对于教育者为何会产生面对可接受而不接受的现象，仍然是一个值得探究的问题。

第二节　教育自由走向实践形态的条件

教育自由走向实践形态，必须确保两个基本理念的实现，即教育中的自由理念和自由下的教育理念。实现了学生自由而不能实现对学生的教育，则这样的教育自由的实现便失去了存在的意义和价值；反之实现了教育理念而不能实现学生的自由，则这样的教育与传统的教育并无二致。上文对教育与自由的关系做了讨论。这种讨论旨在表明，教育与自由的相互承认并在思维中的结合，并不存在矛盾和冲突。在本节中，主要的议题是：二者之间如何能够在实践中得到体现而不至于造成相互的伤害。

一、教育理念下的自由：权利对善的优先性

第一个问题是，从教育的理念出发，自由如何才能得到保证？这是教育理念下的自由问题。教育具有强制性，而学生基本的教育自由的一个重要的方面是要免除对他的任意干预。那么在承认教育理念的前提下，如何才能保证学生的基本的教育自由呢？

教育理念下的自由保证，在于对教育强制做出严格的限制。教育强制具有理论与实践的双重正当性，但教育强制的正当性是有条件的，即教育者对学生的基本教育自由的任何干预，都必须被证明是正当的。只有当干预的正当性被确定之后，干预才能够成为可实施的行为。证明干预为正当的理由通常必须是道德性的或法律性的，同时也必须是发展性的。前二者从社会的角度来审视对学生自由干预的正当性，后者则是从学生自身角度来审视干预的正当性。当干预的正当性不能够得到道德上的、法律上的和教育上的证明时，教育者的行为就应当止于干预，而保证学生对其基本的教育自由的运用。立足于教育自由的实践，这里的关键是，为了保证学生的教育自由得以实现，如何保证教育者对学生的非正当性干预不会发生。因为教育的强制性特征，使得教育者对学生的非正当性干预，拥有了最基本的生长土壤，并且这种非正当性的干预往往容易与正当性干预混合在一起，而带来教育自由的缺失。保证自由在教育中的实现，关键是要抵制因教育的强制性而带来的可能存在的不正当教育强制。那么如何才能对教育强制做出严格

的限制以保证实现学生的教育自由呢？本书的基本观点是，必须保证在教育中实现学生权利对善的优先性。

学生的基本的教育权利对于善的优先性并不意味着，为了保证教育自由的实现，教育自由将不使用任何善的理念。应当说这样的看法是不正确的。权利对于善的优先性并不表明权利对于善的排斥。这里的善可能是诸善，也可能是共同善。任何时候的教育活动，都不能没有善的理念。舍弃善的理念，则教育并不能被称为教育。教人偷东西之所以不被人们视作教育活动，就是因为它违背了人类社会的基本的善的理念。同时，权利的概念亦离不开善的理念为其辩护。因此，严格说来，权利与善是相互补充的。教育自由不仅在于它是基于权利的，而且也在于它是从某种善理念中推演出来的，而其充分而必要的辩护恰恰来自以一种明确的方式将权利和善结合起来。因此，学生基本的权利对于善的优先性，并不意味着教育者在追求学生的教育自由时，排斥对善的追求。

权利对善的优先性意味着，在教育活动中，教育对善的追求首先应当保证不侵犯学生所拥有的基本的权利。这些基本的权利包括作为人的普通权利以及作为受教育者的受教育权利。恰恰是权利界定了学生在教育中的自由行动的范围，也正是权利保证了学生的教育自由。因此，简言之，权利的优先性给学生的教育自由及与之相联系的生活方式设定了基本界限。这种生活方式的界限包含着两层意思。一层意思是指，在此界限内，学生的基本的教育自由是得到保证的，任何教育者都无权干预，也不能以至善来作为侵犯学生教育自由的理由。另一层意思是，对于教育者来说，只要学生的自由不超越基本的界限，教育者就无权干预；反之，当学生的自由超越了基本的界限，则这种超越便成为教育者进行干预的正当理由，同时这种超越也赋予教育者干预以正当性。这种干预的正当性不仅是由学生自由超越权利界限来保证的，也是由教育所要追求的善予以保证的。如果学生有权做某事，那么教育者必定有义务不得妨碍学生自由、不得在学生实施某种行为时进行干预等。因此，在教育情境中，学生的教育权利是与教育者的教育义务相对应的。但是学生拥有某些权利并不意味着这些权利必定是由学生自己来行使的。为此，米尔恩区分出“可选择的权利”与“无可选择的权利”。无可选择的权利即权利人有资格接受某物，但无资格拒绝某物。学生受父母照看的权利即一项排除选择的接受权。“无可选择的权利在本质上具有被动性，权利人并未被要求去做什么，他纯属某种待遇的受益者，而别人则负有给予他此种待遇的义务”。因而，保证学生的基本权利，也就意味着保证学生的基本教育自由。没有权利观念，也就没有学生的自由观念，因而也就没有学生的教育自由。但是这并不意味着有了权利的观念，就一定会出现学生的自由的观念。实际上，权利观念与善的观念的关系具有决定性的意义。在当代中国，权利观念不能说不存在，但是学生的教育自由被侵犯也偶有存在，盖因学生的权利观念总是受到来自各种善的观念的侵扰或干扰。甚至在明显地侵犯学生的基本的教育自由时，人们所能够听到的辩护是各种善的理由的辩护。在各种对学生教育自由权利侵犯的那些教育者看来，他的那些行为是应当的，是符合善观念的要求的，不这样做反而是不应当。在这样的辩护之中，“应当”与“正当”仅一字之差，但所反映出来的观念却迥然有别。站在某个人的立场上来看是应当的行为，但是站在普遍的立场上看，则未必是正当的。“正当的”行为是符合正义的或某种具有普遍价值意义的行为。而“应当的”行为则往往只是从某种善的立场上看是应当的。“应当”与“正当”的关系，可以看作善与权利的关系。当善被置于权利之先，或“应当”被置于“正当”之先时，学生的教育自由便不能得到保证。只有实现两者之间的倒转，即将“正当”置于“应当”之先，亦即在教育者的所有的教育行动之前，先提出这样的问题，“我这样做是正当的吗”，才能够保证学生教育自由的不被侵犯。因此对于教育者来说，对学生的管理或强制，首先不是应当不应当的问题，而是正当不正当的问题。只有在明确了正当与否的问题之后，应当的问题才是必须要考虑的问题。需要指出的是，就学生教育的本身而言，不存在“应当不应当”或“正当不正当”这样的问题，所以对学生的教育既是正当的也是应当的。只有在管理或强制的时候，在采取某种教育行动时，或者说只有当对学生的管理或教育成为教育者的首要任务和第一性的实践活动时，“正当或不正当”的问题才被提起，并在经过深思熟虑之后确定为正当才能够付诸实施。

将“正当”置于施加教育强制的优先地位，表明对学生权利的尊重是教育者实施教育强制的必要条件。只有当该必要条件得到满足之后，教育者才能够在此基础上提出“应当与否”的问题以保证教育不仅是必要的，而且也是应当的。教育强制的正当性问题，是着眼于保证学生的教育自由问题。但是在某些情况下，可能会出现这样的问题，即学生权利优先可能会妨碍到社会公共利益，那么面对这样的情形，教育者又该如何处置呢？这是一个学生权利与公共善孰先孰后的问题。例如，当一个学生身患肝炎而未痊愈，却擅自离开隔离区到课堂上课，那么教育者是尊重学生的教育权而不加干预呢，还是为了社会公共利益即为了全体学生的身体健康而进行干预呢？在笔者看来，由于学生的行为本身已经超越了其自由的限度，因而教育者对此加以干预——如要求其休学（教育权的暂时性剥夺），或向全体学生公开其病情以免其他学生和他接触的时候受到传染（学生隐私权）——是正当的，否则学生就会因其不当的自由而给社会和公众带来很大的危害。因此，在这里我们仍然需要附加一个要求，即学生作为权利人如若存在着过错，那么教育者便可以行使其教育干预权。但是，麻烦之处在于，社会所拥有的特定的道德观和教育观，对于何为过错存有不同的看法。这使得在教育实践中，教育者干预权的行使，必须是基于一个先在的判断，即对学生行为的过错与否的判断。

权利的错误行使是学生作为未成熟者的一个常见的现象。对于教育者来说，运用教育强制施以干预以纠正学生对其权利的错误行使，仅仅是教育者的基本教育责任的一个方面。另外一方面，则是针对这种错误，教育者还必须施以及时而恰当的教育，使学生认识到其错误之所在，以及为何这种错误要受到不同程度的制裁与约束。赫尔巴特对于教育管理所持有的观点，即管理不是为了其他任何目的，而仅仅是建立教育得以展开的秩序，显然具有消极性的特征，这种教育管理的目的取向，显然需要考虑把管理与教学、教育结合起来才能够理解。但是，就学生的发展来说，恰恰是在他与他人所发生的人际关系的冲突中，学生才能够更好地理解权利对于他以及对于他人的意义和价值。所以就此而言，管理不仅具有创造秩序的意义，同时具有对学生进行教育的意义。

二、自由理念下的教育：强制的合理性不能强制地达到

教育自由走向实践形态的现实性的另一个问题是，自由理念下的教育如何展开的问题。既承认学生的基本自由，又承认教育强制的合理性，这样的一种具有矛盾性的理论立场，源自学生作为受教育者，从未成熟状态走向成熟状态、从学生走向成人的自我否定性。在教育者与学生之间所存在的教育关系中，无论怎样承认学生的教育自由，它都不否认存在着这样一种具有支配性权利，即教育者的教育权利。教育权利对于学生的成长具有双向的作用。一方面，它的存在为教育的有效实施提供了基础，另一方面，对于它的滥用也可能对学生个性发展带来消极的影响。为此，我们提出“强制的合理性不能强制地达到”作为自由理念下的教育实现的条件。

强制的合理性绝不能强制地达到，这似乎是一个悖论。怎样来理解这一命题？理解这一命题就必须理解表现该命题意义的两个概念，即“强制的合理性”和“强制”。首先，“强制的合理性”表现为，只要学生还不能克制与判断其意志的倾向，那么成人必须遏制他们的意志，并用这种方式避免对学生自己和社会造成更大的危害。赫尔巴特认为，“学生成人之后才会具备意志，起初学生并没有形成一种能下决断的真正意志，有的只是一种处处都会表现出来的不服从的烈性。这种烈性是不守秩序的根源，它扰乱成人的安排，并把学生未来的人

格也置于种种危险之中。这种烈性是必须克服的，……在学生表现出具有真正意志的迹象之前，其烈性的克服是可以通过强制来实现的”。教育强制的合理性取决于强制得以施展的前提条件，即学生因为各种原因而产生的错误行为，且这些错误通过教育而不能得以纠正。但是仅仅具有这个前提条件是不够的。教育“强制的合理性”，还要求强制本身是合乎学生的权利要求和一般善的要求的。也就是说，为实施强制，构成强制的各种教育措施也应当符合一定的价值要求。其次，那些可以称之为“强制”的各种教育与管理措施，无论是说服、压制、惩罚、威胁还是监督，其本身都不能对学生发展造成危害。本纳指出，前现代社会的教育是二维的，即教育是通过适应和指导而引导学生进入业已存在的秩序的。由于这种秩序观的丧失，现代教育则由二维分为三维，即纪律的、教学的和教育的。这样教育行动也被分成三个维度，与纪律相关的是管理维度，即成年人对学生的纪律约束；与教学相关的是教学行动，以使学生对自己未来的工作做好准备；与教育相关的是教育，以使学生被引导到社会行动领域和活动之中，参与人的总体实践活动。所以，“教育实践不再是建立在适应和指导的基础上，而是建立在具有界限的强制、教养性教学和使未成年人有能力参与人的总体实践等基础之上”。本纳将强制与教学、教育并举，意味着一种更为狭窄的强制概念的出现，即教育者对学生的组织与管理。当教育因实践方式的变化由二维转化为三维时，强制在教育中的合理性便得到了进一步的确定。但是，也只有在教学与教育都不能实现在学生身上的目的时，强制的出现才获得了确定的合理性。

强制的合理性只能通过合理的强制来实现。合理的强制指那些符合一定教育自由价值要求的强制。前一个“强制”具有目的论的特征，即强制本身是作为某种既定的秩序的合理性因素。它并不是在政治强制关系意义上的，而是在教育强制关系意义上加以实施；后一个强制则主要是指实现前一个强制所包含的目的而采取的手段，因而是在具有“政治强制关系意义”上来使用的。绝不能强制地达到强制的合理性，实际上对教育强制提出了条件要求，即教育强制实施的条件是，教育者只有在有限的情况下，即在下列两种情况下才可以实施教育强制，一是通过谈话和指导，学生不能被说服，而学生又不能基于其自身的思考来行动；二是学生不能进行自由的判断和决定，由此会直接损害他们自己或他人的发展。同时，还必须注意到，教育者不能把成年人与学生的教育关系完全寄托在教育强制上，也不能把良好的教育效果建立在教育强制的基础之上。因此赫尔巴特才说，“满足于管理本身而不顾及教育，这种管理是对心灵的压迫，而不注意学生不守秩序行为的教育，连学生也不认为它是教育。此外，如果不紧紧而灵巧地抓住管理的缰绳，那么任何课都是无法进行的”。

自由理念下的教育并不意味着将教育强制拒之于教育手段之外。教育强制的存在或对教育强制的肯定，乃是使学生通过教育进入社会生活的各个领域并使学生成为适合于社会需要的人的必要手段。当“学生的基本的权利优先于善”作为保证学生的教育自由的基本原则时，那么“强制的合理性绝不能强制地达到则具有了双重的保证作用。一方面它保证对学生基本权利的尊重，从而保证学生基本的教育自由；另一方面，它又保证教育的有效开展与学生的健康发展。对学生施以教育，是教育者的道德义务和教育职责。面对这种道德义务，教育者不能以消极的态度待之，换言之，教育者不能以尊重学生的基本权利为借口，对那些需要进行教育的学生采取不作为的态度。消极的对待学生，亦即置学生于非教育的状态，乃是教育者不履行其作为教育者的义务，不仅应当受到道德上的批判，而且也应当受到现代教育组织内部的制裁。

教育强制的措施是多种多样的。选择怎样的强制措施，乃是教育学问题，而强制措施的合理与否，则是一个与道德哲学或教育哲学密切相关的价值判断问题。它需要教育者具有一定的权利观念、自由观念以及合理性观念为基础。然而，这是一个尚待确定的问题。倘若置身于自由作为一种生活方式的社会中，也许这并不是一个问题。但是在一个与此有很大差别的社会中，恐怕单纯的教师教育，亦难以承担起这样的职责。考虑到法治社会建设的需要，一个可能的基础，则是必须确立教育的权利观念并提升教育者的教育艺术。无论在实践中教育者是如何抱怨学生不好教，至少教育者已经部分地意识到学生权利的存在，并且意识到学生权利作为教育者实施教育强制的底线。从这个意义上说，自由理念下的教育具有一定的现实基础。

“自由理念下的教育”可能存在的一个问题是，有关可能来自社会舆论压力的问题，即由于文化的、传统的等诸方面的原因，人们可能对于自由理念的教育不能够加以理解，并通过各种组织化的机制，而对教育者施加各种可能的压力。家长或社会之所以会对学校教育机构乃至教育者形成巨大的压力，与他们对学生未来发展的潜在担忧不无关系。我们只能说，之所以产生这样一种局面，乃和人们对“自由理念下的教育”所产生的误解有关。误解是双方面的。一方面是教育者的误解，另一方面则是家长和社会的误解。而后者的误解往往源于前者。误解之一是把自由理念下的教育当作教育对学生的放任。也就是说，教育自由，即认为是提倡教育中的自由主义。因此，为避免可能存在的问题，关键是要准确地理解教育自由的意蕴。

第三节　教育自由走向实践形态的制度

教育自由的理念是理性思维所描述的一种理想的教育。要使这种教育自由的理念成为一种现实的状态，即成为学生在日常的教育生活中能够切实拥有的权利，就必须通过制度安排。不能简单地把某种教育理念的实现寄望于教育者内在素质的提高或教育观念的转变。唯有通过结构性的制度调整，才能够将理念真正化为现实。这其中需要思考的问题有：为什么理念的实现需要依赖于制度的安排？实现教育自由理念的制度安排的关键何在？怎样的教育制度安排才能够保证教育自由理念的实现？

一、教育制度是实现教育自由理念的中介环节

制度是一个非常宽泛的概念。举凡法律、道德、风俗、传统、习俗以及政策等，都可称之为制度。它们可能是正式的，也可能是非正式的；可能是成文的，也可能是习俗性的（非成文的）。不管是何种类型的制度，它们都有共同的特征，即对生活于其间的人们的行为进行规范。规范可以看作社会为了实现秩序状态而设定的标准的行为方式，其实质是对人们的社会行为产生激励或约束作用。这种激励或约束作用，或者是借助于强制性的惩罚，或者是通过非强制性的惩罚而实现的。非正式的或习俗性的制度，乃是自生自发的结果，是人们在社会中动态博弈的结果。然而，最为重要的制度是被罗尔斯称为“社会的基本结构”的制度，由于这些制度决定着个体的权利和义务的分派，决定着生活中的利益和负担的恰当分配，因而基本的制度对于确定的理念就具有决定性的作用。查布等人在分析美国教育自由收效甚微的原因时提出“制度视角”的概念，认为“制度是了解学校的关键因素”。所有的学校都深受其所处的制度环境的影响，学校以何种形式进行组织、运作是否成功，在很大程度上反映了其所处的制度背景。因此，如果想要实现教育自由的目标，要提高学生的学业水平，就必须改变管理学校的规则体系，创立新的教育制度，通过新的教育制度的激励来影响教育者个体的“选择”，而不是仅仅在口头上提出各种理念和要求。通过大量的实证研究，查布和莫得出这样的结论，美国的公立学校之所以在学术上劣于同一地区大多数私立学校，是因为学校内部所制定的一套行为规则。查布的理论表明，一种教育理念要成为真正指导教育实践的理念，并外化为教育者的行为，制度是关键性的因素。只有通过理念的制度化，体现某种教育理念的教育行动才会出现。但是，在有关教育自由的各种方案中，教育制度尤其是学校内部及各种微观领域的教育制度并

没有受到质疑。人们只是从教育理念出发，在宏观层面上提出各种要求，确定问题，提出直接指向问题的解决方案，而忽略了这样一个事实，即教育中的问题是宏观的和微观的教育制度以及与教育直接或间接有关的制度内在冲突的外在表现。实际的情况是，在学校的层面上，“所有的学校都在适应其所处的制度环境的过程中发展了自己的组织形式。这些组织形式又反映了它所适应的制度环境。不同的制度环境，尤其是不同的制度管理体系，总是先天地支持一定形式的组织结构而抑制其他组织形式的发展”。而在个体的层面上，“不同的制度以不同的方式影响（缩小或扩大）个人的选择”，从而影响到教育自由的进程、发展，甚至直接影响到教育自由的成功与失败。

从个体行为方式的决定因素来审视教育自由，有可能使我们的认识更为明确。人的行为是选择的结果，而行为方式则是人在不同的环境中进行选择所表现出来的行为的一惯性或相似性。教育者个体的教育行为也不例外。教育者个体作为现实生活中的真实的人，属于理性人的范畴，即个人在特定环境下的行为选择取决于其如何考察并权衡不同的行为策略的收益和成本及它们可能的结果。基于不同的教育价值观偏好、对收益和成本的不同认识以及行为环境中各种不确定的信息，教育者个体做出某种教育行为决策。在进行效用最大化的行为决策中，教育制度则是最为重要的决策依据之一。概言之，教育者个体的行为是在特定的制度激励的范围内做出的理性选择。奥斯特罗姆认为，“是什么能够让我们如此直接地根据感觉选择现在呢？制度分析学者的回答一定是隐藏于我们生活背后又消融于我们生活本身的特定的制度平台”。经济学家诺思指出，“制度是社会的博弈规则，或更严格地说，是人类设计的制约人们相互行为的约束条件”。这些约束条件可以是非正式的（如学校内的各种非明文规定的规范、惯例和道德准则），也可以是有意识设计或规定的正式约束。扬在《个人策略与社会结构》一书中也论述道，“经济和社会制度协调着人们在各种交往过程中的行为”。我国学者张曙光则指出，“制度是人们创造出来的一种工具，用以界定人们的自由活动和自由选择空间以及确立人们的行为规范……”所有这些与经济学研究文献相关的论述，表明了制度对于个体之行为的重要意义和影响力。与此相应，罗尔斯更进一步从政治哲学的层面论述了制度对于个体行为的作用，“社会的制度形式影响着社会的成员，并在很大程度上决定着他们想要成为的那种人，以及他们是的那种人”。制度之所以能够对个体的行为选择产生决定性作用，是因为制度本身具有激励性。就是说，制度不仅仅是有关个体行为的约束条件，更为重要的是，制度还对人们的各种行为选择提供某种激励。制度如此，教育制度也不例外。教育制度的激励性表现为，教育活动的参与者能够选择的行为以及参与者决策的个体行为组合都有明确的相互对应的后果（物质的或精神的）。这被人们称作“机制”。因此，奥斯特罗姆说，“激励是规则的结果，这些规则用于奖励和约束各种活动的收益和成本”。

从教育自由的实践来看，核心问题不仅仅是“什么是值得追求的”以及“应该如何实现所应追求目标”的问题，而更多的要思考“如何使某些人按照可欲的方式去实现可欲的目标”的问题。在确定的教育理念指引下，只有进行制度创新，通过教育制度的重新安排，才能够使得教育者个体以确定的某种可欲的行为方式开展教育活动而不是以另一种行为方式开展教育活动。

二、建立对教育权利的约束性机制

学生教育自由从理论走向实践形态，需要通过基本的教育制度的安排，使得可能妨碍教育自由实现的教育权利及教育强制，受到一定程度的约束。如果教育者的教育权利不受到某种程度的约束，那么教育中就可能会出现对教育自由的任意干预或强制，则学生的教育自由就是一句空谈。约束的基本边界是学生的权利，即教育者的教育强制不得以侵犯学生的基本的权利为限制。

如何才能够使得这种约束性机制发挥真正的作用，而使得教育权利的行使符合这种约束性机制的内在要求？任何真正有效的约束性机制，都必须建立在比较充分的信息基础之上。没有一定量的信息作为基础，则任何约束性机制都只能存在于言说之中。因此，建立相关的约束性机制必须要考虑到下列两个事实性因素。第一，教育者的教育活动，从结果上看表现出强烈的集体性特质，但是从过程来看，则它明显地呈现出个体性特质。也就是说教育者的教育活动是以单个的个体活动形式而存在的。尽管教育始终是与人相互缠绕的，但作为对象的学生，由于自身存在的局限性，通常对教育的优劣难以做出恰当的判断。即使学生具有判断这种优劣的能力，他也不得不面对那随时可能发挥其作用的教育权利。由此而带来的第二个事实性因素是，从约束性机制设定者的立场来看，则对于教育者的教育权利行使的判断，就存在一个信息不对称的问题。因此，在建立对教育权利的约束性机制时，就必须要将有关权利行使的信息问题考虑在内，使教育者对教育权利行使的信息，成为约束性机制的主要考量因素。

建立教育权利的约束性机制，还必须要考虑到约束性机制本身的正当性问题。从一般的意义上讲，约束性机制的正当性是建立在学生的教育与学生的教育自由均得以保证的基础之上的，即一种约束性机制，它既应该确保学生的教育自由，也必须确保学生能够受到很好的教育。如果说前者是与学生的权利密切相关，那么后者则是与教育者的教育权利密切相关。所以建立教育权利的约束性机制，也必须考虑到教育者的教育权利。因此，教育权利的约束性机制本身也受到严格法律和道德意义上的双重约束。教育者的教育权利可以是法律上的权利，如在我国，它由《中华人民共和国教师法》及其他相关的法律来予以规定的。在这种情况下，教育者的教育权利就来自法律本身。教育者的教育权利也可以是道德上的权利。道德意义上的教育权利，则是由社会基本的道德观念所予以保证的。换言之，违反了教育者的基本道德权利，它将受到社会的普遍的谴责。教育权利的双重约束意味着，约束性机制必须公平地对待教育者和学生。不能为了保护学生的教育自由，而歧视性地对待教育者，那就成为学生至上了。如果约束性机制表现出这样的价值取向，那么约束性机制本身便违反了教育者在法律上和道德上的权利而丧失其正当性。而在一个缺乏正当性的约束性机制的环境中，学生又如何能够获得正义感和对社会事物或事情的正当判断呢？对于一个确立权利观念的社会来说，正当性是第一位的。约束性机制的双重约束，使得在教育者的教育权利与学生的教育权利之间，似乎存在着矛盾与冲突。然而这种表面上的矛盾与冲突并非是逻辑上的，也不是必然的。它可以被看作教育者和学生作为教育主体的相互否定的结果。这种相互否定是教育学生成长和发展的必然要求。但需要警惕的是，这种主体间的相互否定在实践中有可能成为一种外在的现象表现。

应当看到，不同的文化传统，对于权利的看法存在着非常大的差异。在一些文化传统中，权利应当受到约束，乃是人们所持有的基本的观念。在这样的文化传统中，对权利的约束，就与相应的对他人的权利的保护联系在一起。但是在另外一些文化传统中，对权利的约束似乎并不显得那么自然和正当。在这样的文化传统中，一个形而上学的假设是，掌有权利者，乃是道德上和人格上的完善者，是为了他人利益考虑的贤明之人。他们从来都是从爱民的角度出发来考虑问题的，他们具有美德，通常是择善从之。所以，对他们所掌的权利加以约束，不仅是多余的，而且这种考虑本身是“以小人之心度君子之腹”。在这样的文化传统中，教育权利也同样受到高度的推崇。教育者乃道义之化身。他们绝不会做伤害学生之事。儒家的传统乃属于后者。因此，当学生的权利不仅成为法律上的规定，而且也成为道德上的要求时，置身于其中的人们，便感觉到了某种严重的受约束，从而感觉到了自己面对学生的权利时的无能为力。受到文化传统的影响，对教育权利的约束，就会受到来自方方面面的、消极的或积极的抵制。因此，建立教育权利的约束性机制，尽管就保证教育者的教育行为不构成对学生基本的教育自由的妨碍而言具有正当性，但仍然需要考虑到社会所持有的善观念对正当性确证的影响。但是，基本的精神，即约束性机制是对教育者的一种制度性强制，必须予以保证。由此，教育者的权利意志转化为学生的行为不对学生的教育自由带来妨碍。

三、两种理念下的教育制度

就对人们的教育行为规范来说，教育制度在类型上涉及教育法律、教育伦理、教育习俗、教育传统、教育政策等。但就保证教育自由的实现来说，基本的教育制度具有决定性的意义。尽管非正式的教育制度，如教育伦理、教育传统和教育习俗等，可能会对教育自由的实现产生不同程度的消极影响，但是要保证教育自由走向实践形态，就需要保证基本的教育制度体现教育自由的原则。在罗尔斯的政治自由主义的理论体系中，保证自由而平等的公民所组成的公正而稳定的社会长治久安的一个重要内容就是为社会确立“基本结构”，它被理解为“主要的社会制度以此种方式在一个系统中相互匹配，并分配着各种根本权利和义务，也塑造着通过社会合作而产生的各种利益划分”。这就是说，任一社会理想的实现，都需要借助于对社会全体成员的根本权利和义务的分配以及各种利益的分配的基本制度来实现。社会的不同在于它们在权利、义务以及利益的分配上存在着根本性的差异。因此，对于社会理想的实现来说，根本的切入点就在于公民的权利和义务的分配。的确，当我们在考虑学生的基本的教育自由的实现时，它的逻辑起点应当是基于教育制度安排所做出的有关学生和教育者的权利和义务的分配，而不能将希望寄予所谓实践主体的个人素质或主观观念之上。寄希望于教育主体的个体素质的提高或观念的转变，来获得教育的改善，是德治论在教育治理中的反映。尽管个体素质的提高或观念的转变是教育改善的一个重要条件，但却不是充分条件。

基本的教育制度作为对教育权利的约束以及对学生的教育自由的保证，必须满足两种理念的要求。一是它必须满足教育理念的要求，即教育制度的安排和设计，必须保证教育能够顺利地展开。培养人是教育的核心和最终目的。培养怎样的人，则是这个最终目的所要表达的内容。就我们这个时代的教育要求而言，教育者需要有一定的权利，以保证教育者的教育权威。任何群体性的活动都内在地包含着政治的要求，亦即权威与服从的要求，教育同样也不能例外。教育权威的存在，乃是教育活动得以展开的前提条件。就教育观念史的演变来说，人们所反对的是将教育权威置于至高无上的地位，从而在一种绝对的权威之下，完全不承认学生作为权利的主体——既是法律上的权利主体，也是道德意义上的权利主体。

二是它必须满足自由理念的要求，即保证学生的基本教育自由不因教育权威而受剥夺。这包括两个方面的含义。第一，教育培养人。但是在教育制度的设计中，不能在抽象的“人”的层面来考虑“培养人”。教育必须面向社会的理智健全的所有公民，使得在制度的约束下，所有的人都能够接受最基本的教育。因此，基本的教育制度必须对学生的积极的教育自由权利及相关的义务做出分配并予以明确规定。与此相对应，则需要对国家、社会、学校及家庭所应承担的义务做出规定，以保证学生积极的教育自由权利的实现。第二，它要求教育者必须将学生看作人而予以尊重。基本的教育制度也应当体现消极自由的理念。从某种意义上讲，规范教育权威与教育自由的双重保证的教育制度，实际上是要给两者划定一条原则的界限。之所以说是“原则的界限”，是因为教育活动的复杂性，以及学生作为待成熟者的理智特征，要想在教育权威与教育自由之间划出一条清晰无误的界限，实际上是不可能的。

概言之，牵涉学生教育自由的基本的教育制度，要真正能够保证教育自由的切实实施，必须对学生的权利和义务、教育者的权利和义务以及教育机构的权利和义务等，做出明确的界分。这种界分并非是一种简单的作为实践主体的权利的明晰，而是要在互为主体性的教育者与学生之间，就教育主体的活动权限、为实现这些权利而要求对方所承担的各自义务等，做出明确的划分。然而对权利、义务和职责的分配和规定应当放在更大背景下，亦即在国家的教育权利和义务以及公民的教育权利和义务之分配的背景下，并且应当在二者之间具有确定的关联。没有这样一个权利、义务和职责分配的基本结构，则有关教育者和学生的教育制度安排便失去了基础。教育者和学生的教育权利、义务和职责的分配和规定应当体现以学生的教育自由为原则。由此，教育自由才能够真正从理论形态走向实践形态。

第六章　教育与强制视角下教育自由的挑战

虽然本书试图对学生的教育自由及其限度进行辩护，然而，有关学生的教育自由还面临许多有待思考的问题。各种对教育自由的怀疑，构成了对教育自由的挑战。例如，关于教育自由问题的讨论，我们都是从教育自由可能会对学生产生的善着眼的。然而，并非存在只有善而无恶的事物。任一事物，相对于主体而言，都有其善的一面，也有其恶的一面。学生的教育自由亦同样如此。然而一旦我们涉及教育自由所可能带来的“恶”，那么教育自由还是可以辩护的吗？这是教育自由所要面临的也是它不可回避的挑战之一。尽管人们承认，学生的教育自由具有理论上的正当性，但是他们也会提出这样一种实践上的怀疑，即学生的教育自由需要以教育者的教育自由为条件，如何保证教育者的教育自由呢？

第一节　教育自由与可能存在的负面因素

“恶”必定意味着伤害（但是不能反过来说伤害就是“恶”）。借用“恶”这个概念，是表明教育自由所可能带来的坏的结果。“恶”加上引号，所要表明的是，这种“恶”既不同于道德上的“恶”，也不同于自然上的“恶”。前者是人有意识地损害他人，后者则是并非人有意识地损害他人，而是自然力所施于人而产生的损害。那可以预防的自然的“恶”，虽由自然力所引发，但能够避免而未避免，也属于道德上的“恶”。教育自由的“恶”，乃是指教育者的某种免除干预或强制而导致的学生在发展上的可能的损害。教育自由的“恶”，有的在当下即可看见，有的在当下是无法估计的，只有在学生成年后，人们才能够看清楚这种“恶”的后果。教育者对于学生的过度干预或任意干预（或过度教育或专制）所可能带来的“恶”，乃非属于教育自由的“恶”，故而不予讨论。

常识似乎在向人们叙述着教育自由与教育的“恶”的关联性。“少壮不努力，老大徒伤悲”是这一常识性观念的格言式表达。尽管教育哲学的反思不能以常识为前提，但是它至少向人们传递了这样一个信息，即自古以来，人们都倾向于认为，放任学生或对学生行为的免除干预，可能会使学生误入歧途。这样的担忧不无道理。但是，正如我们在前文中所论及的，学生的教育自由并非等同于对学生的放任。学生的教育自由与放任之间的差别在于，前者是有选择地对学生的表现进行干预，而后者则是完全地不干预。另一种反对意见则认为，有选择地干预，即意味着有选择地不干预。这种不干预仍然是让学生去做出自我的选择。学生能够做到吗？或者说学生能够理性地做出这样的选择吗？倘若学生的选择是非理性的，那么谁该对学生的行为负责呢？如果学生自己不能对自己的行为负责，那么学生在学校中发生的行为，就应该由教育机构和教育者来负责，那么教育机构和教育者能够负得了这个责吗？如果负不了这个责，那么教育者就不能够对学生的行为进行有选择性的干预，而应该是完全的干预。虽然说对学生的有选择性地干预，有利于学生的个性的形成和创造力的发挥，但是在经验没有对二者的关联做出确定的情况下，谁又敢冒险对学生实施有选择性地干预呢？此外，有选择的不干预也可能会产生“恶”，如学生的自私、偏见、攻击、嫉恨等，或者如无知、无能、冲动等。概言之，有选择的不干预会带来学生发展的消极状态。

那么教育者对于学生的免除干预或强制会不会导致学生在发展上的伤害呢？由于教育上的“恶”只有在学生成年后才能够看清，那么学生在其成年后所表现出来的那种消极状态，是否就是由教育自由或不干预所致？前者是人们在日常的教育生活中所常担忧的一个问题，因而是一个实实在在存在着的问题；后一个问题则是一个既需要在理论上加以辩护也需要用经验加以验证的问题。但是，两个问题却并非是“两个”问题，而其实是一个问题。即教育自由与教育“恶”的关系的问题。因为倘若人们能够证明教育自由与学生未来的发展的消极状态并不存在某种关联，或者只存在很小的关联，那么我们则可以说，教育自由并不导致教育上的“恶”；反之，则教育自由应面临较为严重的挑战。教育者的有选择性的干预，既包含积极的自由意蕴，也包含消极的自由意蕴。前者强调学生要成为自由的人，必须通过教育而获得个体自由的条件，诸如理性、服从公意、自我实现等。后者则强调教育者在某些方面对学生免于干预，以使学生的个性得以发展，创造力得以发挥。人们对教育自由的担忧，主要是集中在第二个方面，即对免于干预的担忧：免于干预，会不会影响学生的正常发展，从而导致教育之“恶”呢？

在对教育自由与教育上的“恶”的关联性做出回答之前，首先必须提出如下的问题。第一，由于恶是善的反面，所以确定教育上的“恶”的本质，可以通过确立教育上的善的本质来把握。自古以来，教育思想家更多关注的是教育上的善。这些思考与探讨为我们确定教育上的“恶”提供了可资参照的标准，从而亦为我们应对教育自由的挑战即它所可能产生的“恶”的否定提供基础。第二，这种“恶”在教育中是否是一较为普遍的现象，或者说它是否是在现有的发展水平下，教育所无法避免的？倘若是无法在传统的教育下，即在学生无教育自由的教育情境下，在教育者的完全干预下，教育上的“恶”也是同样存在的；那么人们所能够做的就是，在学生的教育自由所可能产生的“恶”与学生的教育不自由所可能产生的“恶”之间，确定哪一种“恶”更大？然而这种比较在经验上似乎难以进行。因为学生在教育中的自由状态，也只是处于刚起步的阶段，因此在经验上还没能够完全显现出教育自由所可能带来的“恶”。那么唯一的可能是逻辑上的比较。但是逻辑上可比吗？第三，教育上的“恶”是正当的还是不正当的？换言之，我们又应该如何来看待教育之“恶”？

关于教育之善，不同时代的教育思想家对此有不同的理解。但是不管做出怎样的理解，教育之善都是与教育的对象——学生交织在一起的。换言之，教育之善是以体现在学生身上的发展为标志，一个基本的共识是“学生的发展”，分歧则在于怎样理解学生的发展。大体而言，和谐发展、全面发展、充分发展、个性发展以及终身发展等，是曾经被人们所提及的，与此相对应的便是不和谐的发展、片面的发展、非充分的发展、无个性的发展和当下的发展。在这里，“和谐”“全面”“充分”“终身”等用作“发展”的修饰语，与“不和谐”“片面”“非充分”“当下”等词一样，乃是用来描述学生发展状态的词语，而不是用来描述学生发展的内容的词语。它主要涉及发展的范围、状态、程度和延续等。与此不同的是，“个性发展”则是涉及学生发展的内容方面。说个性发展是说学生的个性得到了充分的或不充分的、全面的或片面的、和谐的或不和谐的、终身的或当下的发展。因此，如果我们把前者称之为教育之善，那么后者便可称之为教育之“恶”。这里的善与恶主要是从目的论意义来说的。教育总指向一定的目的，该目的便构成教育的终极追求。目的的实现是教育之善的表现；而目的的不能够实现则是教育之“恶”的反映。然而，教育之“恶”并不仅仅限于目的的实现与否，也体现在实现目的的手段上。

如此来理解教育之“恶”，则一个显见的事实是，教育之“恶”无时无处不在。它可能既是教育自由的结果，也可能是教育强制的结果。但是，无疑地，学生的个性发展，则是在教育强制下难以实现的。教育之“恶”存在的普遍性，预示着它在某种意义上的正当性。教育之“恶”的存在，彰示着扬教育之善的必要性，同时也表明，教育已经被嵌入“进步”和无限之中，因为总有“恶”的存在，所以也就总有进步的可能性。对于个体来说，无论是谁都难以终其一生而自我完善，因而终其一生都应该在有限的现世中努力追求无限的完善，尽管这种追求是不可能实现的；对于人类社会来说，教育之善作为教育的理想，乃处于无限之中。这种无限性赋予人以生命的和教育的意义，也使得社会展现它自身存在价值的可能性。

以上是在绝对的抽象的意义上来理解教育之善与教育之“恶”的。在这个意义上，我们则说，教育自由所能产生的善要大于它所可能产生的“恶”，或者说教育自由所产生的“恶”要远远地小于教育强制所产生的“恶”。某种免除干预或强制是在教育所能允许的界限之内。这种免除干预或强制不会对学生的发展产生消极的影响，而只会有利于其个性的发展。因此，教育之“恶”并不足以对教育自由构成挑战。但是我们还可以说教育是人为设计的社会环境。在此环境中，学生能够获得他在自然情境难以达到的发展水平。在一个自然的情境中，学生凭借其对自然教育资源的利用，亦可以得到消极意义的发展。这种发展乃是一种被动的适应性发展。在现代社会中，置身于自然情境中的被动发展，已经不能适应于变动不居的社会了。接受制度化教育成为社会中每一个个体的必然选择。那么，当学生拥有基本的教育自由时，它是否会置学生于类似于自然的被动的发展境况中呢？如果出现了这样的结果，即学生的发展较之在没有基本的教育自由条件下的发展有着更多的缺陷，更不具有充分性，那么人们便可以说教育自由所带来的已经不是教育之善，而是教育之“恶”了。这种看法似是而非，从根本上来说是不成立的。因为，教育自由的提出，是针对教育强制所可能产生的“恶”——在教育强制的背景下个体发展的同质性——而提出的。一个同质的社会或无个性的社会，不过是一个索然无味的社会，而且也不会是一个具有创造力和知识进步的社会。人人都一样，这个社会就会失去精彩和文明。同时，学生在自然情境所受的教育，在某些方面也并不一定就比在正规的教育机构所受的教育差。他们的弱也仅仅是表现在科层制度方面，而在人格发展和其他某些方面，这些学生可能更优于人为设计的教育环境之中的学生。

第二节　教育者的教育自由问题

如果教育者没有教育自由，即教育者没有对自己的教育行为进行选择与决定的权利，那么还能有学生的教育自由吗？这是在思考学生的教育自由时又一个必须关注的问题。当教育者受到过多的强制与干预时，教育者便失去了关于思考和处理学生教育自由的权利。在这种情况下，学生的教育自由便没有了根基和保障。但恰恰在这个问题上，我们还有许多工作要做。兹结合目前教育理论界和实践界流行的有关“转变教育观念”一说，就教育者的自由问题讨论一二。

当下，越来越多的人，包括理论工作者、教育行政管理者和教育实践者，在教育改革的背景下，不断地提出对知识、学习、课程等进行“概念重建”，并要求人们抛弃现有的（陈旧、传统和错误的）教育观念，接受（信服、支持）新的（正确和先进的）教育观念。他们认为，只要人们的观念发生转变、概念得到重建，教育现实就会随之转变和重建。当人们不断地抱怨说，人们的教育观念很难改变，教育改革那么多年了，那些陈旧、传统的教育观念还在顽固地对抗着新的教育观念。那么这样的抱怨背后，实际上隐含着一种怎样的观点呢？值得追问的问题还有：从何种教育观念转向另一种什么样的教育观念？为什么一定要转变观念呢？在怎样的意义上讲，“转变教育观念”才具有正当合理性呢？所谓要转向的观念是正确的吗？所谓要改变、废弃的观念是错误的吗？这样的追问表明，“转变教育观念说”隐含着一个本质要求，即存在着“先进的、正确的教育观念”。而区别只在于一种认识的问题，即什么样的教育观念，我们才可以称之为“先进的、正确的”教育观念。谁的教育观念“先进而又正确”？是西方发达国家的教育观念吗？是教育理论专家的教育观念吗？西方发达国家的教育观念，是其所在国家的教育存在的产物，是针对其本国教育之弊端和社会之要求而阐发的主观的认识。其存在的前提是现实的教育存在。教育理论专家的教育观念，也是他们对教育的自我理解和认识。我们凭什么来判断说，它们就是先进的、正确的教育观念呢？

反复出现的“先进的、正确的教育观念”的陈述，预示着对教育者的教育思想自由的否定。如果确实存在着“先进的、正确的教育观念”，那么对于绝大多数教育工作者来说，都将面临“转变教育观念”的问题。在这样的假设下，个体所拥有的教育观念，个体自我的教育理解与认识，在“先进的、正确的教育观念”面前，都可能是错误的和落后的。教育观念的多样性、教育实践的多样性和自主性，都将在“先进的和正确的”教育观念面前遭到扼制和封杀。教育自主、教育创新，首先就在于社会对教育观念多样性的承认。教育自主意味着自由与选择，意味着教育思想的自由与开放；教育创新，则是教育自主所带来的结果之一。将某种教育观念标示为“先进的、正确的”教育观念，将无疑导致万马齐喑的局面，也必将摧毁教育创新的各种萌芽。当社会把某一教育观念视为“先进的和正确的”的时候，则存在着一种明显的危险，即原本属于个体的教育认识，就可能借助权利，而强制性地施加于他人。当一种教育观念被视为“先进的教育观念”，并借助行政权力而使这种教育观念推而广之，成为广大的教育实践者的教育观念时，这种行动极其可能造成教育思想的不自由。在这种情况下，学生的教育自由，亦即更多地鼓励学生的多样性发展和个性的选择，就会在“正确的教育观念”的衡量下，成为教育者在教育实践之中的胡作非为，从而受到来自管理者的挤压和反对。

然而上述所论只是问题的一个方面。问题的另一方面，从教育改革实践的角度来看，似乎又有着推广“先进的教育观念”的必要。我们可以把“先进的教育观念”看作思想自由的结果，是人类社会其中的一小部分的善思者对实现教育问题反思的结晶。以伯里的观点，“常人天生迟钝，大都缺乏抵抗力。他们的精神世界里的信仰都是不加疑问而承受的，并且都是坚执不疑的”。并且，“社会上大部分是这样一种人，一切新观念和怀疑各种固有信仰制度的意见，在他们看来都是罪恶的，他们的理由就是与他们不适合”。这就是说，在我们的生活中，只有一小部分人具有思想自由的能力，而大多数人则不具有这样的能力，他们是社会的保守者，固执传统的观念和意识，仇视新的观念。立足于社会的改造与进步，需要有观念创新，为此需要思想自由。然而在专制的体制下，思想自由所带来的进步观念又可能反过来成为压制思想自由的力量。因此，要避免思想自由所带来的异己力量，就需要从根本上摒弃“思想自由的能力”的观念，不能将小部分精英视为有思想自由的能力，而大多数民众不具有思想自由的能力。教育乃是一项社会公共事业，其出发点乃立足于社会公共善。作为社会公共利益之所系，它无疑需要能够为公共所认可的教育观念。那么这样一种公共认同的教育观念如何才能够获得，而又不对教育思想自由产生压制呢？罗尔斯的“重叠共识”理念，或许可以为我们提供有启迪意义的深思

第三节　教育自由中的强制教育问题

学生基本的教育自由，保证了学生的当下自由，亦在教育过程中，教育者应当免除对学生的过度的干预。但是，个体的自由，不仅可能来自外在的束缚和强制，即他人意志对其行为的干预，而且还来自内在的束缚。基本的教育自由是学生教育活动中可能拥有的自由。这些自由与成年人在社会生活中所拥有的自由，尽管在性质上具有某些共同之处，但是在实施的范围和程度上则存在着较大的差异。学生当下的教育自由是基于其理智水平或能力而确定的。一旦学生成为成年人，并且必须要在成年社会中生存下去，与他人打交道，则自由所要求的内在的条件，如理性的成熟、理智的提高、对自由所不可缺少的各种制度的相关知识